> 零基礎也OK！

13歲就能懂的
經濟學

超圖解

129個經濟關鍵詞一看就懂

花岡幸子 著　matsu 繪　林雯 譯

13歲からの経済のしくみ・ことば図鑑 新版

第1章 經濟的運作

目錄

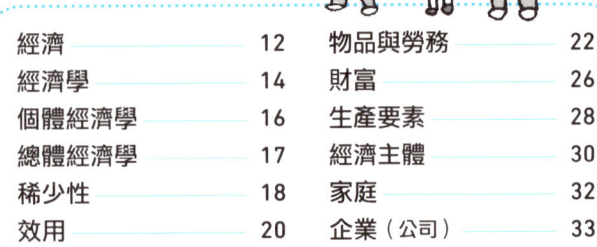

- 金錢　8
- 經濟　12

經濟	12	物品與勞務	22
經濟學	14	財富	26
個體經濟學	16	生產要素	28
總體經濟學	17	經濟主體	30
稀少性	18	家庭	32
效用	20	企業（公司）	33

- 市場　34

市場	34	股份有限公司	40
價值	36	股票	40
價格	36	股票市場	43
自由市場經濟	38	證券交易所	44

第2章 個體經濟學 研究家庭、企業的經濟

- 供給與需求　48

供給	48	獨占性競爭	57
需求	48	卡特爾	59
供給與需求	50	市場占有率	60
完全競爭市場	52	資源分配	61
不完全競爭	54	市場機能	62
獨占	54	市場失靈	64
寡占	56	公共財	64

- 企業　66

成本（費用）	66	固定成本	67
總成本	66	折舊	69

變動成本	70	黑字、赤字	74
總收益	71	賽局理論	75
損益平衡點銷售額	72	囚犯的兩難	76

第3章 總體經濟學 研究地區、國家的經濟

● 國家經濟　80

GDP（國內生產毛額）	80	經濟成長率	85
附加價值	82	所得	86
GNP（國民生產毛額）	83	國民所得	86
經濟成長	84		

● 景氣　87

景氣	87	失業率	91
景氣循環	89	求才求職比	92

● 家庭經濟　93

消費	93	恩格爾係數	94
儲蓄	93		

● 金融　95

金融	95	銀行	96

專欄　各種支付方法　98
轉帳 / 網路銀行 / 自動扣繳 / 信用卡 / 電子貨幣

專欄　金錢百態　100
活期存款帳戶 / 綜合存款帳戶 / 支票帳戶 / 利息

● 通貨　101

通貨	101	外幣	101

| 電子貨幣 | 103 | 加密貨幣 | 104 |

● 中央銀行　106

| 中央銀行 | 106 | 貨幣緊縮 | 110 |
| 貨幣寬鬆 | 108 | | |

● 物價　112

| 物價 | 112 | 消費者物價指數（CPI） | 114 |
| 物價指數 | 113 | 通貨膨脹（通膨） | 116 |

專欄　為什麼會發生通貨膨脹？　117

| 通貨緊縮（通縮） | 119 | 停滯性通貨膨脹 | 121 |
| 通貨緊縮螺旋 | 121 | | |

● 財政　122

| 財政 | 122 | 預算赤字 | 123 |

專欄　預算是什麼？　124

| 歲出 | 126 | 歲入 | 128 |
| 公共投資 | 127 | | |

專欄　稅金是什麼　128
稅金／所得稅／累進稅制／公司稅／消費稅

| 公債 | 132 | 所得重分配 | 133 |

專欄　經濟百態　134
非典型僱用

第4章 國際經濟學

● 外匯　138

外匯	138	可變因素	144
外匯匯率	139	升值	148
浮動匯率制度	140	貶值	150
固定匯率制度	142		

● 貿易　152

貿易	152	二次所得收支	160
進口貨物	153	金融帳	161
出口貨物	153	資本帳	161
國際收支	154	關稅	162
經常帳	155	保護貿易	164
貿易收支	156	自由貿易	165
勞務收支	158	國際分工	166
初次所得收支	159		

第5章 經濟史

亞當・斯密	170	石油危機	182
卡爾・馬克思	172	經濟泡沫與崩壞	
經濟大恐慌	176		184
約翰・梅納德・凱因斯		雷曼事件	188
	180	新冠病毒衝擊	192

專欄　金錢百態 ———— 196
　　　住宅貸款

名詞索引 ———— 198

金錢

金錢和健康一樣重要。沒有錢的話，我們就無以為生。金錢在生活中不可或缺，但它究竟是什麼呢？

大家都在什麼時候使用金錢呢？沒錯，就是購買物品與勞務（Goods&Service）的時候。當你想要某個東西，就會用同樣價值的金錢去交換，再把東西帶回家。所以說，金錢就是「交換的工具」。

在很久很久以前，世界上沒有金錢，人們是用以物易物的方式來換取想要的東西。

例如，優秀的獵人能捕捉到許多獵物，得到肉類，而高明的漁夫能捕獲大量的魚。獵人想吃魚的時候，就拿自己手上的肉去找漁夫，跟他交換魚。不過問題來了，1公斤肉換2條魚可以嗎？1條竹莢魚和1條比目魚的價值一樣嗎？

另一個問題是，魚、肉之類的東西容易腐壞，沒辦法先存起來，等到需要衣服時再用來交換。

所以,從前的人大都採取變通的方式,用貝殼之類不易腐壞、便於攜帶的東西做為交換工具,這就是「金錢」的起源。其中,金屬(金、銀、銅等)熔化後可改變形狀、大小、重量等,使用起來更方便,所以有愈來愈多人以金屬為交換工具。西元700年左右,日本開始用銀、銅等金屬製作硬幣形式的金錢;後來人們又發明了紙幣,做為兌換金屬的憑證。(編註:目前世界上發現最早的硬幣為中國商代晚期的銅貝,出現於西元前11世紀以前。西方最早的貨幣則是約西元前610年出現的古國呂底亞,位於現在的土耳其地區。)

貝殼與食物的交換

金錢的其他名稱

貨幣(Money):金錢的統稱。使用上跟「通貨」的意思差不多,但有時專指硬幣。

通貨(Currency):包括現金通貨與存款通貨,分為紙幣和硬幣。

紙幣(Banknote):中央銀行(詳見106頁)發行的紙製貨幣(鈔票)。

硬幣(Coin):政府發行的金屬貨幣。

日幣1000圓鈔票只是張薄薄的紙，但有了它，就能換到2本漫畫；雖然從紙的分量來看，2本漫畫比1張千圓日幣紙鈔多了何止幾百倍。（編註：日本的漫畫定價約500日圓左右，故1000日圓可買到2本漫畫。）

為什麼1000日圓紙幣可以交換1000日圓的物品與勞務？它為什麼有那個價值？因為它是由日本這個信用良好的國家所發行的金錢，所以大家都認為它有1000日圓的價值。

或許你覺得金錢有價值是理所當然的，但非洲有個叫辛巴威的國家，因為貨幣缺乏信用，使得貨幣價值非常低。從前1辛巴威幣可以買到1個麵包；到了2009年，要3000億辛巴威幣才能買到1個麵包；再到2015年，辛巴威幣已經消失了。這種因貨幣失去信用而引發的通貨膨脹（Inflation，詳見116頁）稱為「惡性通貨膨脹」（Hyper Inflation）。

經濟

經濟（Economy）

「金錢」、「物品」、「勞務」的流通稱為經濟。

我們工作，用賺來的金錢換取想要的物品（有形的貨品）與勞務（無形的服務），這樣的流通稱為經濟。

1000
1000

DEPARTMENT

1000
1000

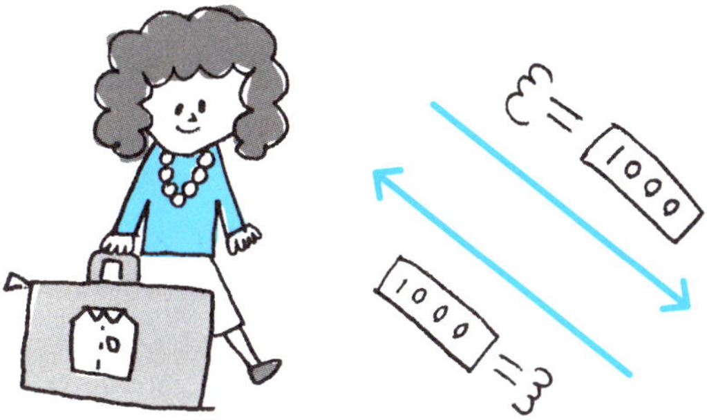

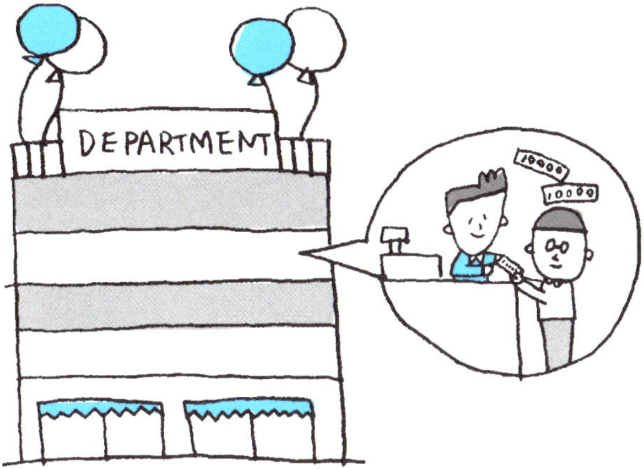

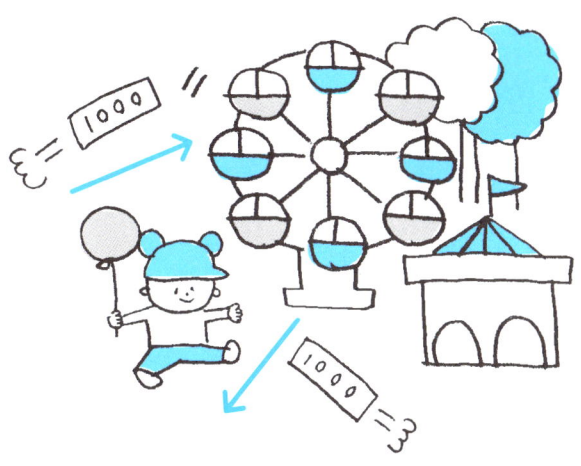

經濟學（Economics）

前面提過，我們用工作賺來的錢換取想要的物品與勞務。

不過，要讓每個人都能得到自己想要的物品與勞務，而且要多少有多少，是非常困難的事。

要的人很多，
但是……

於是產生了一種學問，專門研究如何滿足人們「想要某種東西」的心情，那就是經濟學。經濟與我們的人生、生活密不可分，所以，學習經濟學就是理解社會。

經濟學思考需求／產品產量之間的平衡

個體經濟學（Microeconomics）

「Micro」是「微觀」的意思。經濟學領域中，個體經濟學研究小單位的經濟，如家庭、公司、企業等，就像在研究森林時，對林中的每棵樹觀察入微。

我們可以透過分析家庭、企業的行為，去思考、研究如何決定價格、分配利潤及做決策。

總體經濟學（Macroeconomics）

「Macro」是「宏觀」的意思。總體經濟學是從宏觀視角，研究整個國家、地區的經濟，就像觀察整片森林，而非仔細看每棵樹。我們可以透過綜觀整個國家、地區的消費與物價趨勢等，思考政府扮演何種角色、經濟變化如何形成。

稀少性（Scarcity）

人們想要的東西數量不足，供不應求。比如說，全世界的人都想擁有鑽石，但鑽石的產量不夠，無法讓每個人都買得到。因此我們可以說，鑽石這種數量有限的東西「具有稀少性」。

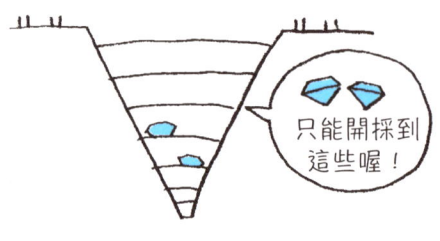

鑽石礦山

相反地，什麼東西不具稀少性呢？以日本人來說，想喝水的時候，只要轉開水龍頭馬上就能喝到，所以水在日本不具稀少性。

但在非洲的沙漠，水就很難取得。因此可以說，水在沙漠的稀少性很高。

稀少性會依地點、季節與當時情況而有所不同。

效用（Utility）

物品與勞務如果具有稀少性，應該就是有價值的吧？那倒不一定。實際上，要稱得上有價值，光有稀少性是不夠的，還必須有「效用」才行。「效用」是指購買者的滿足程度。

比如說，水是維持生命的必需品，可以說對全世界所有人都有效用。

南極需要水

叢林需要水

太空需要水

沙漠需要水

水是生存不可或缺的東西＝水對每個人都有效用

那世界杯足球賽的票呢？對熱愛足球的人來說，這張票效用極高，票到手會超開心的；但對足球沒興趣的人即使拿到了票，也不會有滿足的感覺；也就是說，這張票對他沒有效用。世界杯足球賽門票的稀少性雖高，但對不喜歡足球的人來說，沒有半點效用。有了效用，又具備稀少性，價值就會升級。

物品與勞務（Goods&Service）

人們願意付錢獲得的東西，有形的稱為「物品」，無形的稱為「勞務」。而我們提到物品的時候，通常是指「財貨」（Goods）。

財貨（物品）大約可分成4種。

●消費財（Consumer Goods）

個人使用的物品。

書　　衣服　　牙刷

●資本財（Capital Goods）

用來製造其他東西、提供勞務的物品。

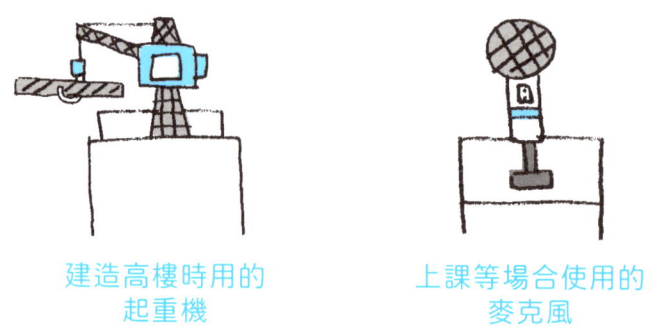

建造高樓時用的
起重機　　　　上課等場合使用的
麥克風

● 耐久財（Durable Goods）

可長期使用的物品。

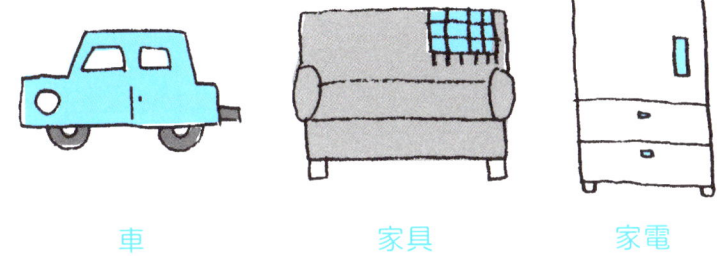

車　　　　　家具　　　　　家電

● 非耐久財（Nondurable Goods）

每次使用後就消耗掉的物品。

食物　　　　　　　　衛生紙

● 勞務（Service）

勞務真的是什麼都有。

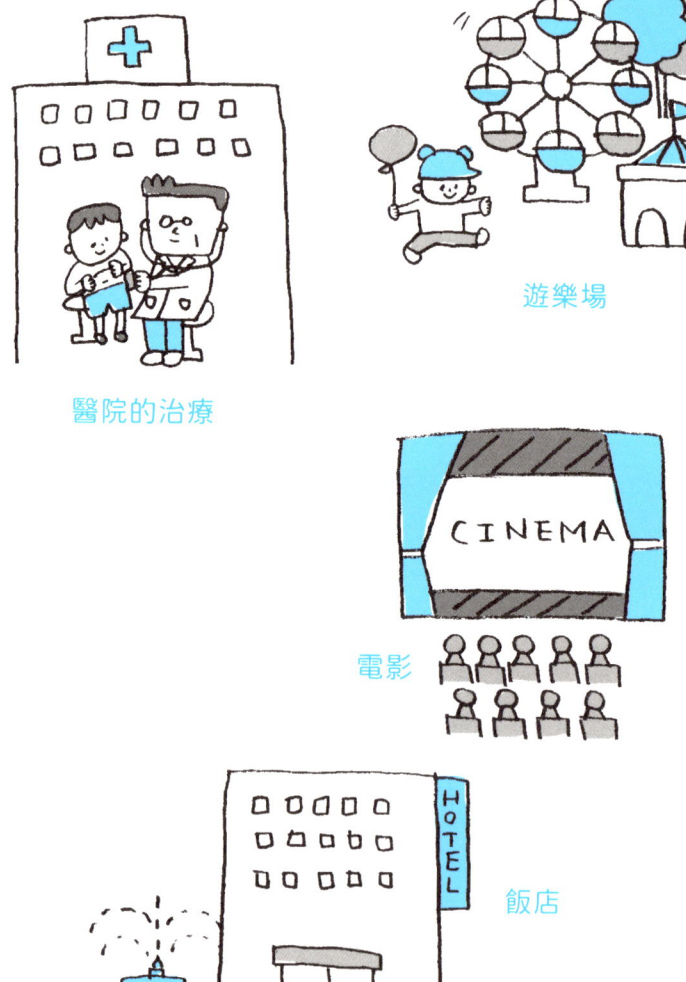

醫院的治療

遊樂場

電影

飯店

物流

廣播

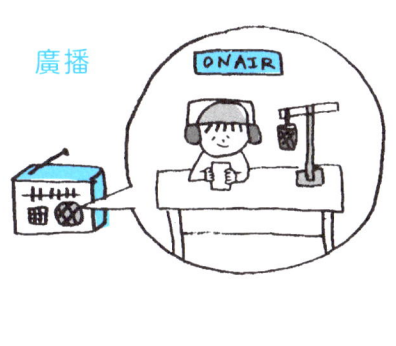

美容院

遊戲機

等等

財富（Wealth）

聽到「財富」，你可能會聯想到一大筆錢，或是金銀珠寶、豪宅等等。不過在經濟學中，財富是指有效用、能轉移給他人的財產累積起來的總和。

● **各式各樣的財富**

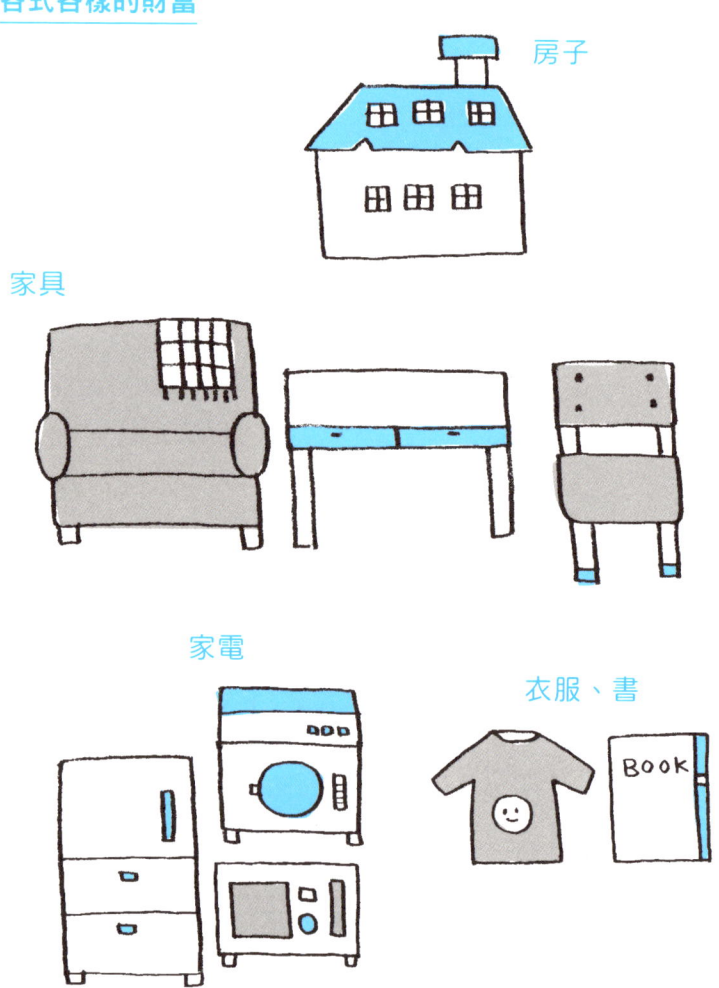

工廠

石油、煤炭

大樓

商店

第 1 章 經濟的運作

生產要素（Factors of Production）

生產物品與勞務所需的資源，主要可分為4種。

●土地（Land）

土地等天然資源無法經由人類的努力而產生。

●資本（Capital）

用來生產物品與勞務的機械、工廠等。

● **勞動力（Labor force）**

具備工作能力與技術的人。

● **企業家（Entrepreneur）**

成立新事業、把商品送到市場、生產新產品的人。

經濟主體（Economic Agent）

進行經濟活動的單位，包括人、公司、組織等。主要可分為家庭、企業及政府（Government）3種。

〔經濟循環〕（Economic Cycle）

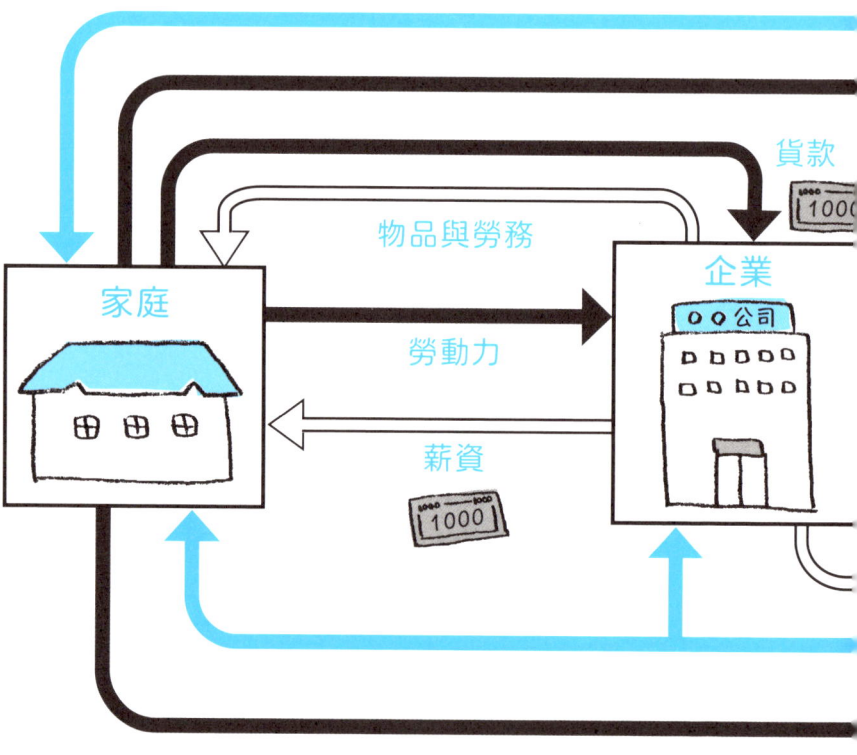

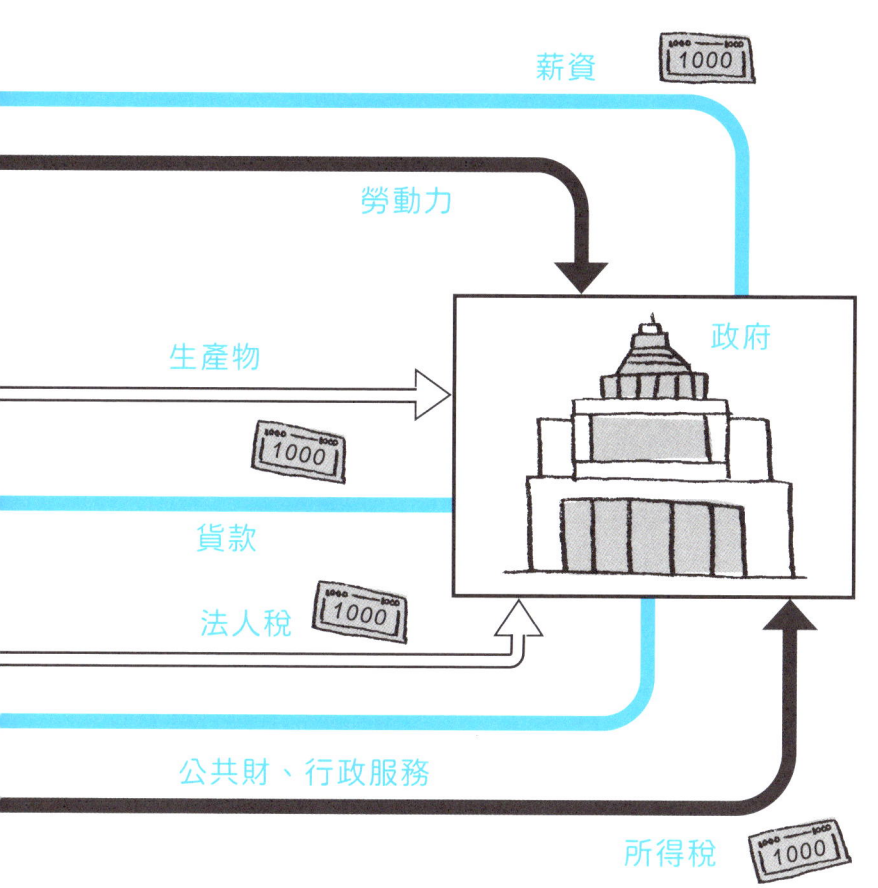

　物品與勞務在這3種經濟主體之間的循環流動,稱為「經濟循環」,經濟透過經濟循環而運作。

家庭(Household)

如同上一頁的說明,經濟由家庭、企業及政府這3個主體構成,家庭在其中扮演重要角色(詳見93頁)。

企業（公司）（Enterprise / Company）

企業（Enterprise）是為了提高利潤、賺取金錢而製造、銷售物品與勞務的經濟主體。企業與公司（Company）的意思相近，但公司特指「依法成立並獲得認可的組織」。大部分的公司都是股份有限公司（Corporation，詳見40頁）。

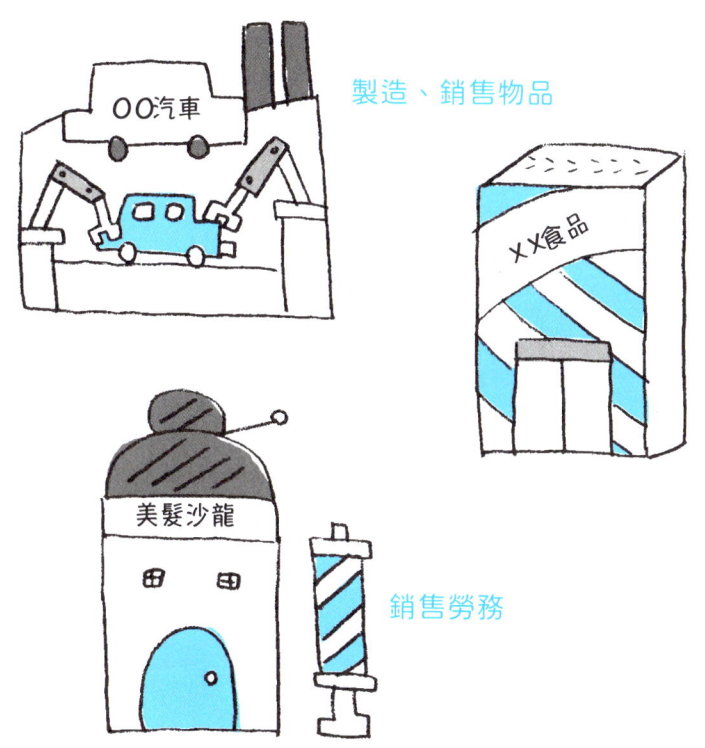

如同我們在討論「生產要素」時提到的，企業會運用土地、資本與勞動力等生產要素來生產物品與勞務，再出售它們，賺取金錢。

市場

市場（Market）

買方與賣方可交換物品、勞務的場所或機制。
有時是指買賣財貨的特定場所。

買賣場所

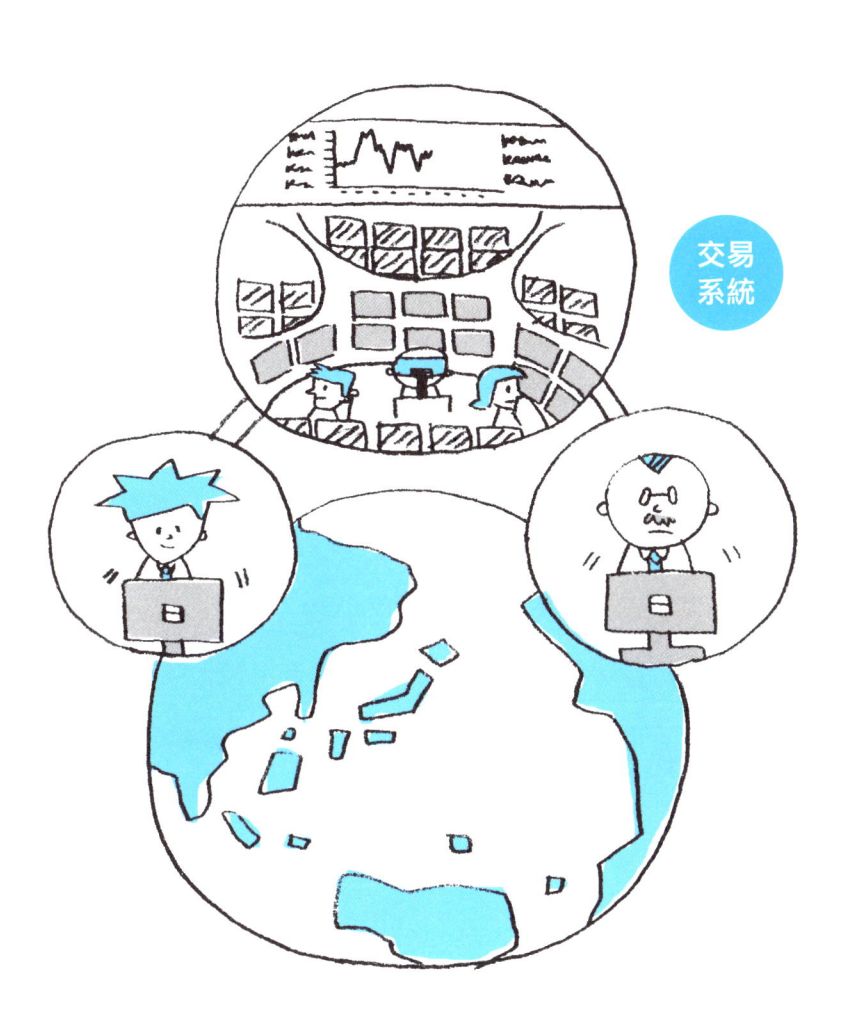

有時則是指物品與勞務的交易系統。

價值（Value）

物品與勞務由市場決定的價值，以金錢的形式呈現。

價格（Price）

物品與勞務的價值以具體金額來呈現，簡單來說就是價錢。價格由市場上供給與需求的平衡點所決定。

〈價格的功能之一：連結買方與賣方〉

如果番茄歉收,供應減少——
價格上漲(10元→30元),
需求隨之減少,供需就會得到調整

〈價格的功能之二:調整供給與需求*〉

* **需求(Demand)**⋯⋯ 有人想要購買物品與勞務,並且擁有付款能力。
  供給(Supply)⋯⋯ 有人在市場銷售物品與勞務。(詳見48頁)

自由市場經濟（Free Market Economy）

人們或企業可自由地在市場上購買、販賣物品與勞務。

在這種經濟體制下，政府權力不介入市場運作，價格由供給與需求的平衡點來決定。

●供給　　　　　　　　　　●需求

新產品原子筆60元！

好貴！

賣30元會虧本啊！

政府不介入

那就賣45元吧！

45元我就買！

自由市場經濟體制下，賣方企業會想比競爭對手賣出更多產品；也就是說，企業之間會彼此競爭。

降價吧！

做出好產品吧！

A公司

B公司

　　在這樣的競爭中，獲勝的企業（賣家）會賺大錢，消費者（買家）則能買到便宜的物品與勞務。此外，產品的品質也會提升，所以大家都說自由市場經濟是高效率的制度。

　　如果由政府介入決定產量與價格，會出現什麼情況呢？政府決定產量的話，企業就不會積極提高產量了。價格若由政府規定，也會有類似的問題——反正不管產品品質好壞，都能以固定價格賣出，企業也就失去了製造、販賣物美價廉商品的熱情。像從前蘇聯等社會主義國家所實施的計畫經濟，就出現這種情況。

股份有限公司（Corporation）

　　以發行股票來募集所需資金的公司，稱之為「股份有限公司」。

　　公司經營需要大量資金，股份有限公司的機制將眾多投資者的資金一點一點集合起來。

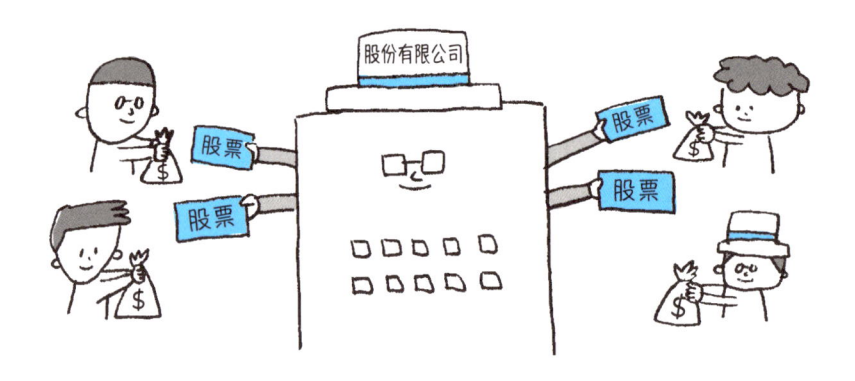

股票（Stock）

　　新聞、報紙上經常提到的「股票」，是對公司所有權的憑證，表示持有者「擁有公司的一部分」。

購買股票的人也就成為公司的所有者之一,稱為「**股東**」(Stockholder)。公司獲利時,會將一部分賺來的錢分給股東,稱為「**股息**」(Dividend),股息通常按照每位股東持有的股票數量來分配,股東對公司的所有權和他擁有的股票數量成正比。

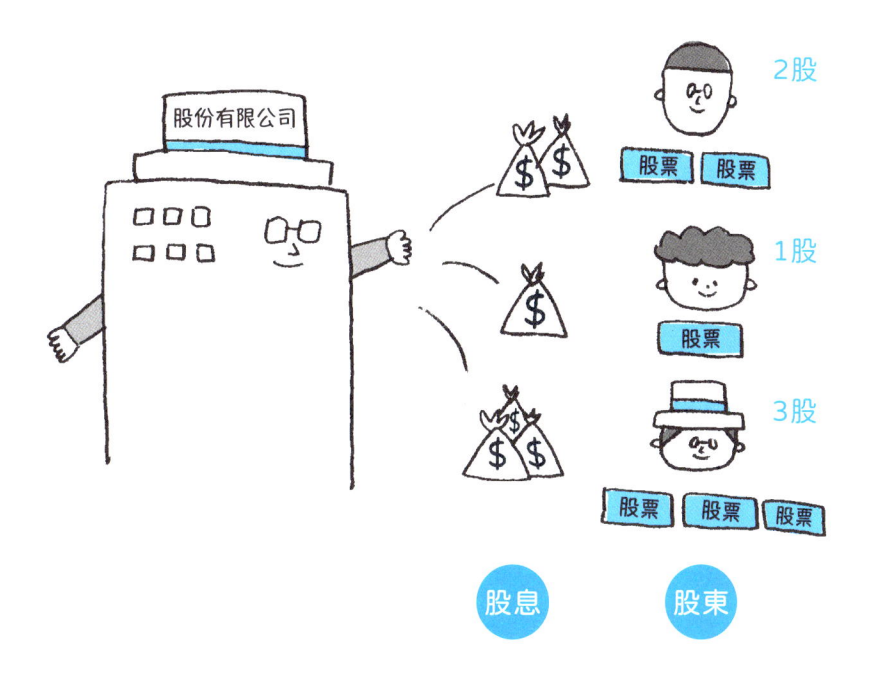

　　大多數公司採用股份有限公司的形式,這樣的形式有許多好處。

　　有什麼好處呢?我們會在下頁說明。

● **股份有限公司的好處**

① **可順利籌措資金**

發行股票可順利籌措資金 → 不像貸款需要償還債務。

② 股東可委託專業經理人來經營管理。

③ 股東對公司的負債不需負責。

公司破產時，股東頂多損失投入的資金，不需負其他責任。

負債10億元

只損失10萬元！

請你來經營！

④ 即使股東換人，公司仍繼續存在。

⑤ 若不想繼續當股東，賣掉股票就可以了。

我要賣股票！

股票市場（Stock market）

股票市場有兩層意思，一個是初級市場（Primary Market），指企業發行股票的市場；另一是次級市場（Secondary Market），指買賣股票的市場。

初級市場是企業首次發行股票來募集資金、投資者提供資金的市場。企業與投資者可直接交易，也可透過證券公司進行交易。

次級市場則是買賣發行後的股票與市場上流通的股票，股票價格會隨當時的狀況變動。與初級市場不一樣的是，次級市場有實際的市場，如證券交易所（Stock Exchange，請見下頁）。投資人之間則透過證券公司進行股票交易。

一般來說，當大家提到股票市場，通常指的是次級市場。

初級市場　　　　　　　次級市場

證券交易所（Stock Exchange）

證券交易所是大量股票交易的市場。由於交易量龐大，不太會發生「沒有買家而賣不出去」，或「沒有賣家而無法購買」的情況。此外，訂單需求旺盛時，比較容易形成大家都能接受的價格（股價，Stock prices），這就叫做「公正價格形成」（Fair price formation）。

在日本，有股票買賣市場的證券交易所分別位於東京、名古屋、福岡及札幌4個城市。（編註：臺灣目前只有一個證券交易所。）

不過，並不是所有股票都能在證券交易所買賣，只有符合一定標準的才可以。發行符合標準股票的公司，稱為上市公司（Listed company）。

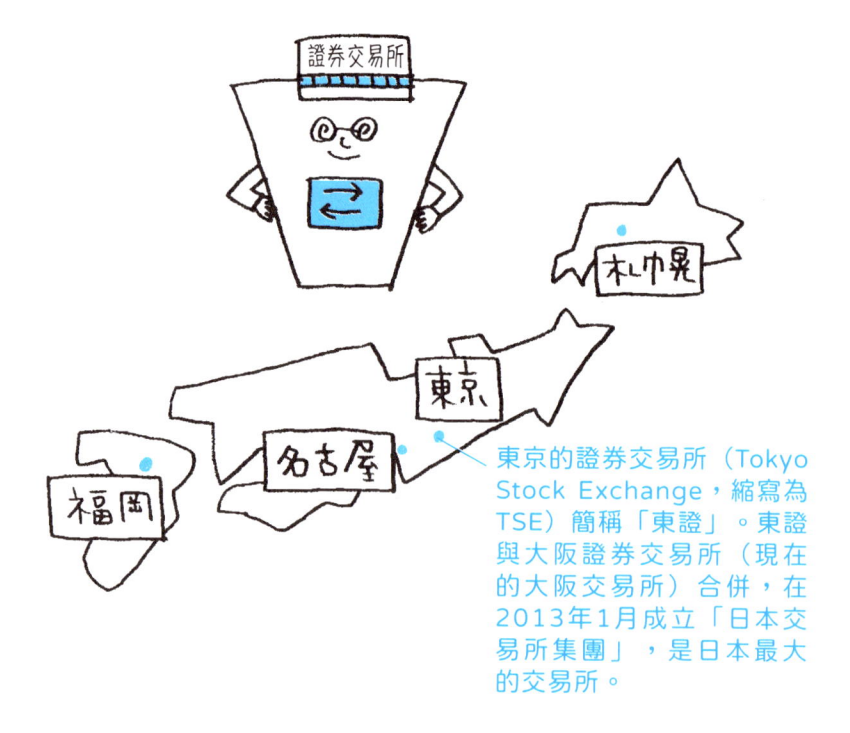

東京的證券交易所（Tokyo Stock Exchange，縮寫為TSE）簡稱「東證」。東證與大阪證券交易所（現在的大阪交易所）合併，在2013年1月成立「日本交易所集團」，是日本最大的交易所。

美國紐約證券交易所的消息經常出現在電視等媒體中，大家應該都看過吧？紐約證券交易所是全世界最大的證券交易所，它的股價變動左右了全球股市，因此成為全世界的焦點。

紐約證券交易所位於紐約的華爾街（Wall Street），這裡是美國許多證券公司和大銀行的聚集地。因此，「華爾街」也成了紐約證券交易所與美國金融業的代名詞。

美國股票市場的代表性指數是「道瓊工業平均指數」（Dow Jones Industrial Average〔DJIA〕），又稱「紐約道瓊」、「道瓊30指數」等。這項指數是由國際知名財經報紙「華爾街日報」（The Wall Street Journal）的發行商——道瓊公司計算出來的，可說是全球股市的代表性股價指數。

第2章

個體經濟學

研究家庭、企業的經濟

供給與需求

供給（Supply）

市場上可供銷售的物品與勞務，或有人提供物品與勞務在市場上出售。

衣服

車

美容院理髮

等等

需求（Demand）

有人想購買物品與勞務，並有付款的意願與能力。（光是「想買」還不夠！）例如，有人想買某本漫畫，手上也有足夠支付漫畫的金錢，這樣才算對那本漫畫有需求。

好想要漫畫……

可是沒有錢！

雖然有錢……

比起漫畫我更想要零食！

這些情況不算對漫畫「有需求」。

供給與需求（供需，Supply&Demand）

之前討論價格時提到，物品與勞務的價格，是依據供給（物品與勞務數量）與需求（想購買的人數）之間的平衡點來決定。

為什麼夏天番茄、玉米等農作物的價格會下降？為什麼畫家去世後，他的作品價格會高漲？這類問題都可以用供給與需求的平衡來解釋。

我們先來複習一下價格是如何決定的。

買家想購買某件商品時，希望盡可能便宜一點。

想挑選便宜的蘋果

賣家要販賣某件商品時，希望盡可能賣貴一點。

想以高價賣出

當買家（需求方）覺得「這個價錢可以買」，賣家（供給方）也覺得「這個價錢可以賣」時，雙方達成妥協（需求線與供給線交叉），價格便決定了。

供給線（Supply Curve）與需求線（Demand Curve）

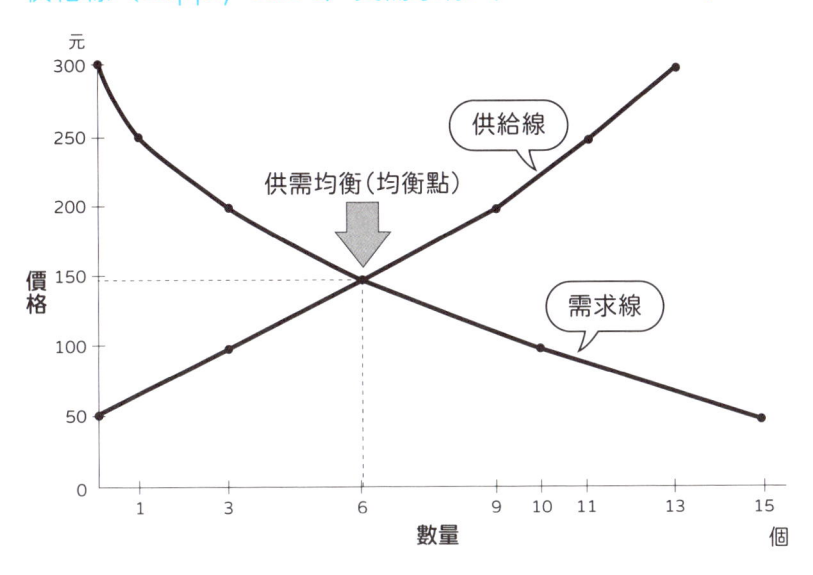

```
元
300 ●
250   ●                              供給線         ● 250
200     ●          供需均衡(均衡點)              ● 200
價格
150         ●  ─ ─ ─ ─ ─ ─ ─ ─ ✕
100           ●                    需求線         ● 100
 50             ●                                    ● 50
  0
     1    3         6         9  10  11    13    15
                        數量                          個
```

　　我們可以用供需關係來回答上頁的問題：夏天時，番茄、玉米等農作物大量收成，想賣的人變多（供給增加），導致價格下滑。相反的，畫家去世後，因為不會再有新作品（新的供給消失），價格自然高漲。供需均衡變動時，價格也會隨著升高或降低。

完全競爭市場（Perfectly Competitive Market）

有許多買家與賣家、完全自由競爭的市場。所謂的完全競爭，必須滿足以下5個條件：

① 有眾多買家與賣家，而非由任何特定的人獨攬大權。
② 產品（無論是買家想買的或賣家想賣的）的品質沒有差異，例如蘋果的大小、味道都差不多。
③ 無論買家或賣家，都能夠充分掌握產品及其價格的相關資訊，不會因為資訊不足而買了完全相同但價格較貴的產品。

● 以冰箱為例

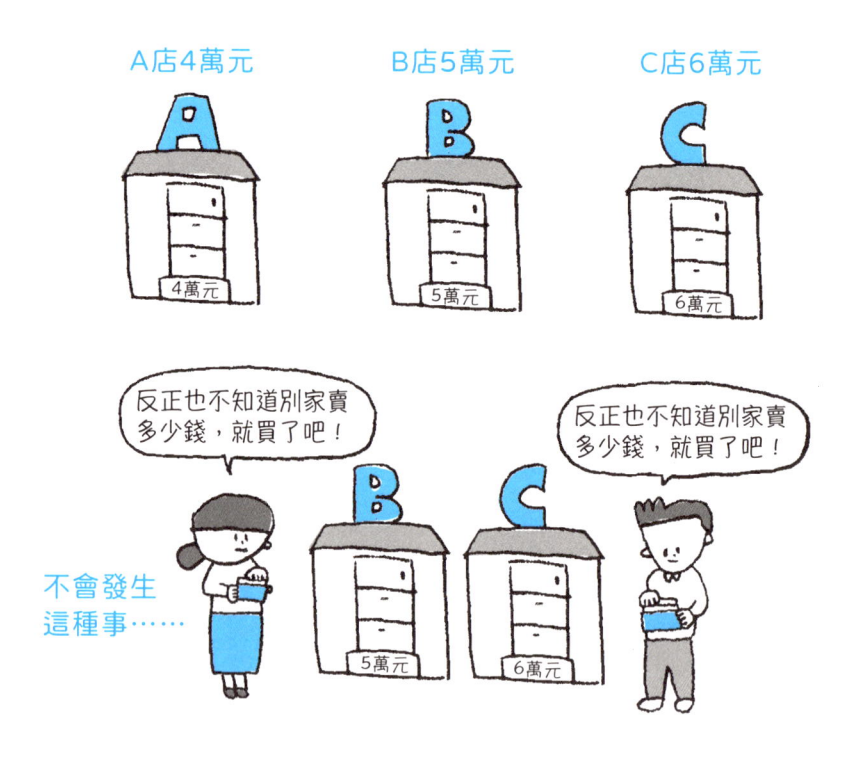

A店4萬元　　　B店5萬元　　　C店6萬元

4萬元　　　5萬元　　　6萬元

反正也不知道別家賣多少錢，就買了吧！

反正也不知道別家賣多少錢，就買了吧！

不會發生這種事……

5萬元　　　6萬元

④ 買家想購買優質產品，賣家則想賣出更多產品；雙方各自獨立行動，不受親戚、朋友等人際關係的影響。

鮮紅飽滿的番茄
1個8元

乾枯軟爛的番茄
1個10元

我要買1個10元的，因為那是朋友開的店。

不會發生這種事

⑤ 任何人都能自由進入與退出市場。比如說，你想大量製造餐具，開店銷售；如果沒有任何人妨礙或限制你，就表示你可以自由進入市場。

開了店之後，餐具滯銷，想結束營業時，如果沒有任何人干擾或阻止，就表示你可以自由退出市場。

開張囉！

熄燈囉！

無論開店或關店，都沒有規定或管制。

不完全競爭（Imperfect Competition）

完全競爭市場必須包括5個條件，要完全符合是很困難的；只要少了其中任何一項，就屬於「不完全競爭」。不完全競爭包括3種情況：獨占、寡占與獨占性競爭。

獨占（Monopoly）

市場整體的動向由一個賣家（企業）掌控。由於沒有競爭對手，獨占企業能自行設定價格與生產量，來獲取高額利潤。

●地區獨占案例

以前日本的電力業界
（2016年4月起全面准許新業者加入，現在已經不是獨占事業）

市場出現獨占時，企業可能會依據自身利益任意調漲價格，對產品品質可能也不會積極改善。

因此，日本制定了「反獨占法」（Antimonopoly Act，正式名稱是「禁止私人獨占與確保公平交易法」），限制不公平的交易。（譯註：在臺灣叫做「公平交易法」。）

寡占（Oligopoly）

市場結構中，如果由一個賣家（企業）決定整個市場，叫做獨占；若是少數企業對市場有極大影響力，則叫做寡占。因為只有少數幾家，它們通常會傾向合作而非競爭，以獲取更高利潤。

● **寡占案例**

○○市只有3家建設公司，這3家公司就占了100％的市占率。

A：不要競爭啦！

C：我們一起合作吧！

雖然不是獨占，但為了增加利潤，它們往往會聯合起來抬高價格。

獨占性競爭（Monopolistic Competiton）

完全競爭的條件之一，就是「產品的品質沒有差異」。而在獨占性競爭中，企業間是透過產品差異化來互相競爭，強調產品特色，所以不符合完全競爭的條件。

產品差異化的兩種方式：

①實質上的品質差異
● 運動服品牌案例

快乾、透氣，讓你清涼一夏！

A品牌的競爭方式是強調自家服裝的獨特性，和其他品牌做出區隔。

② 讓買家感覺品質有差異

比如說，A店和B店的咖啡豆來源相同，咖啡也同樣好喝，但A店總是一位難求，B店則是門可羅雀，為什麼會這樣呢？兩家店比較起來，A店窗明几淨，裝潢美輪美奐，而且服務周到，點餐後咖啡總能快速上桌。所以，雖然咖啡都一樣，給客人的印象卻不同。在客人的感覺中，A店的咖啡似乎風味絕佳，B店則遜色許多。

用廣告、設計或商標來提升形象，也可說是獨占性競爭的一種方式。

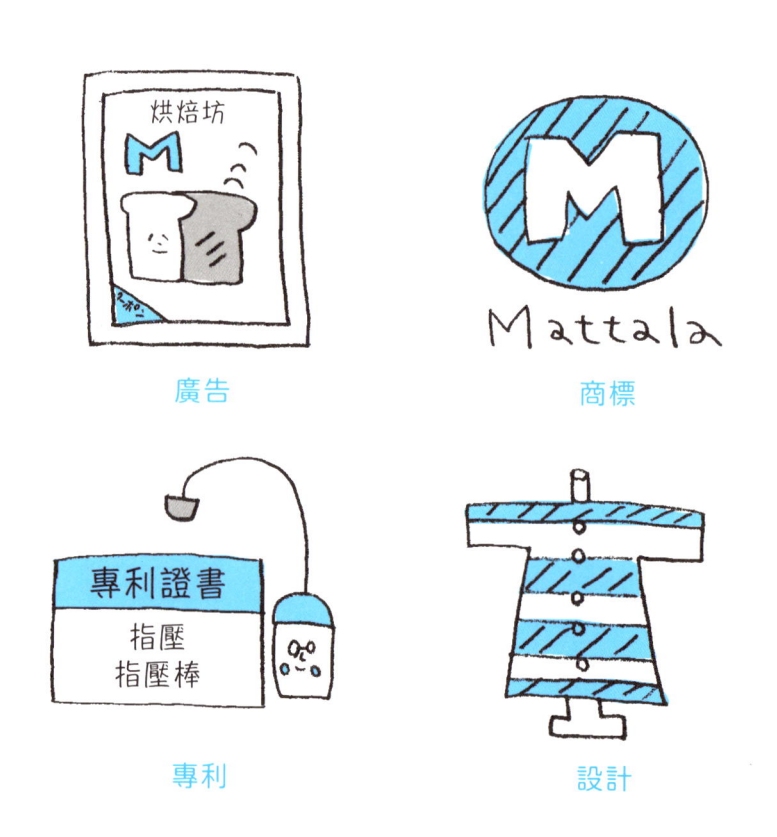

廣告

商標

專利

設計

卡特爾（Cartel）

同一產業中的企業為維護彼此的利益，締結協定，共同約定價格與產量等。

卡特爾（編註：或稱獨占聯盟）會損害消費者的利益，所以反獨占法（詳見55頁，臺灣稱為「公平交易法」）明文禁止這類的行為。

A、B、C這3家公司為了哄抬價格，商議一支手機的價格不得低於1萬。這種為了賺取利潤而協議不降價的做法，就是卡特爾。一旦達成協議，企業間就不需要競爭，想買手機的人就必須以高價購買。如此一來，消費者就倒楣了。

市場占有率（Market Share）

某個特定市場中，某家公司或某種商品、服務的銷售額占整體市場的比例，簡稱**市占率**。

也就是說，市占率愈高，那家公司對商品、服務的影響力愈大。如果一家企業的市占率達到100%，表示它沒有競爭對手，就是「獨占企業」。

●以洋芋片為例

今年1袋訂價50元吧！

A公司市占率4成
B公司市占率2成
C公司市占率2成
其餘的2成市占率由其他10家公司瓜分⋯⋯

雖然想訂價60元，但又不能賣得比A公司貴⋯⋯

⇒A公司有決定商品價格的能力
　（這樣的公司稱為價格領導者〔Price Leader〕）

資源分配（Allocation of Resources）

　　生產物品與勞務所需的資源（土地、資本、勞動力等生產要素，詳見28頁）是有限的，所以，決定要生產什麼、生產多少，以及如何分配資源，是非常重要的課題。

　　不過，資源分配的問題可以由市場機能幫忙解決。

資源是有限的！

市場機能（Market Mechanism）

我們之前提到，在完全競爭的市場中，物品與勞務的價格是由供需平衡來決定；而隨著價格的變化，物品與勞務的生產量與消費量會自然調整，這種調整功能就叫做「市場機能」。

● 供給＜需求時

想買自行車的人很多，但市場上販賣的自行車很少

賣家（供給）　買家（需求）

自行車價格上漲（2千元→3千元）

不想買的人變多了

企業打算增加生產

可以賣個好價錢，就多生產一點吧！

⇒ 生產與消費達到平衡，資源得以適當分配。

● 供給＞需求時

想買自行車的人很少，但市場上販賣的自行車很多

賣家（供給）

買家（需求）

自行車價格下跌
（2千元→1千元）

1千元

企業停止生產自行車

已經賺不到錢了，就不要再生產了吧！

想買的人變多了

⇒ **生產與消費達到平衡，資源得以適當分配。**

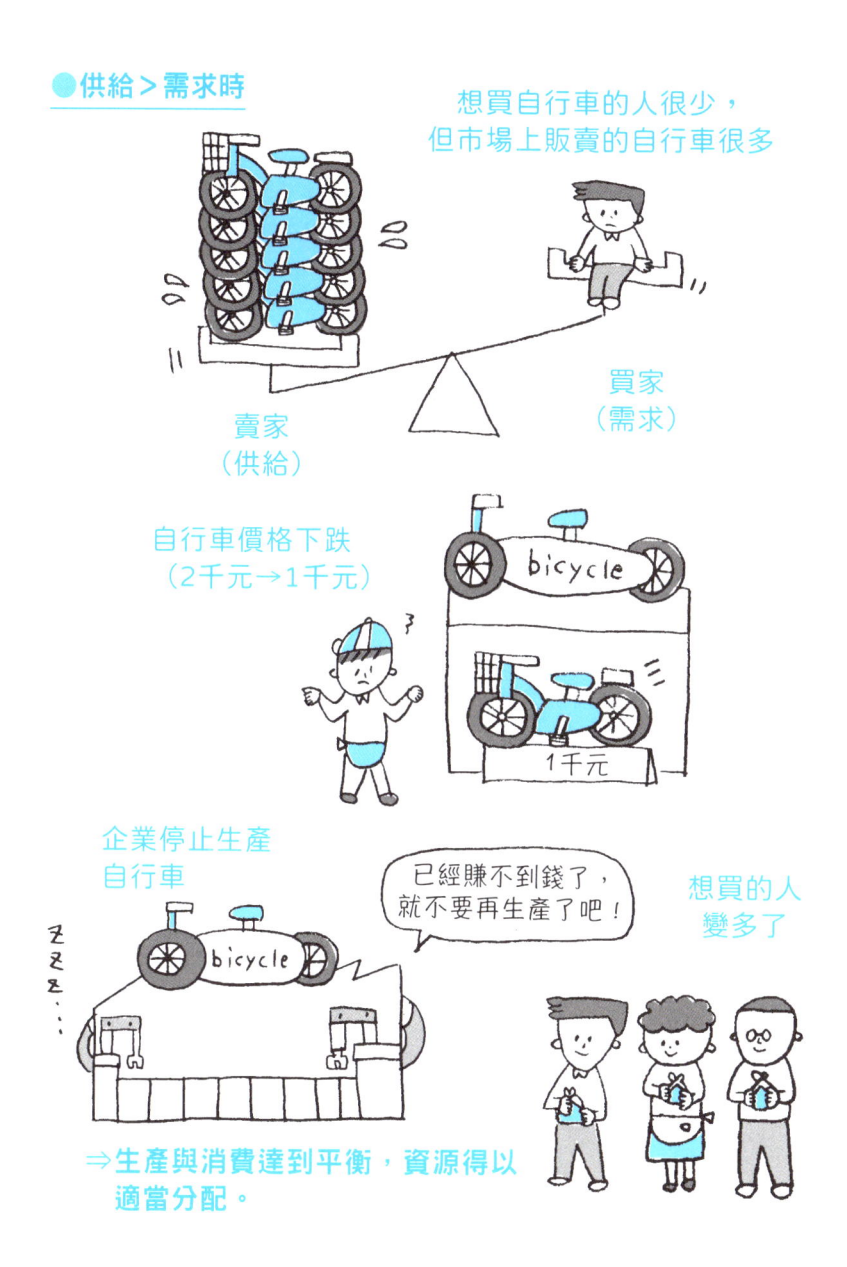

　　上面的案例說明了，價格是由供需平衡決定的，物品與勞務的生產量（供給）與消費量（需求）也會隨價格而調整，這樣的調節作用就稱為「市場機能」。

市場失靈（Market Failure）

在物品與勞務的市場中，當市場機能運作良好時，價格能有效調整供需平衡；但是當市場機能運作不順利，資源就無法有效率地分配，這種情況就叫做「市場失靈」。

公共財（Public Goods）

市場失靈的一種情況。

以警察服務為例，我們要安心生活，不能沒有警察。如果警察經費（建造警察局、僱用警察的費用等）只由一部分人支付，但沒出錢的居民也能得到警察服務，這樣很不公平，最後可能就沒人想出錢了。所以，警察經費必須由全民的稅金提供，不能完全交給市場。

由稅金支付

「私有財」（Private Goods）與公共財正好相反，指的是某件物品或勞務被一個人消費以後，其他人就無法再消費；而且，這件物品或勞務的價值，以及其他人的滿足感，也會跟著減少。簡單來說，私有財就是專供付費者使用的物品與勞務。

例如，A小姐用10元買了1瓶果汁，這瓶果汁就只屬於A小姐，不是其他人的。因此，果汁可以算是私有財。

但警察服務就不一樣。就算B先生每個月付1萬元，警察提供的服務（公共財）也不能只讓B先生一人獨享。

企業

成本（費用）(Cost / Expense)

企業為了製造物品或提供勞務所花費的金錢、時間、人力等等。

總成本（Total Cost）

所有的成本，包括固定成本（Fixed Cost）與變動成本（Variable Cost）。

以製鐵公司為例

人事成本　　設備等折舊（Depreciation）費用　　鐵礦石等原物料費

固定成本　　＋　　變動成本

＝總成本

固定成本（Fixed Cost）

無論製造的物品或提供的勞務有多少，都一定需要支付的成本。

比如說，暑假期間，文具工廠因為顧客減少、銷售額下降而減少生產量。因為產量減少，平時工廠需要10個人才能完成的工作，現在只要6個人就夠了。但在這種情況下，工廠也不會立刻解僱4個人或減薪，因此，人事成本屬於固定成本。

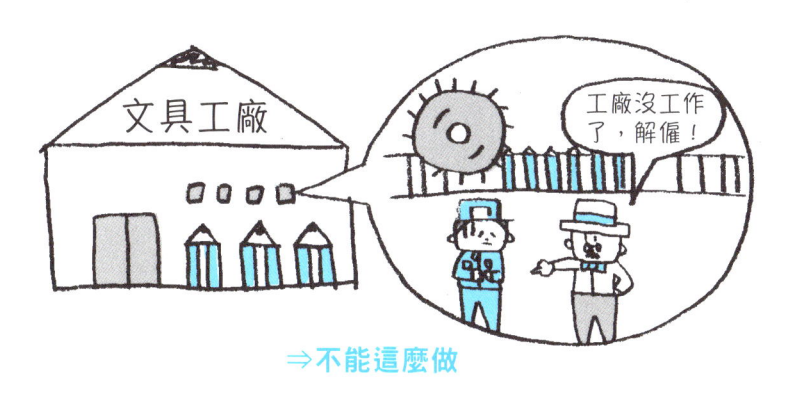

⇒不能這麼做

如果租用店面來經營超市，店租也是固定成本。不管是顧客很多，銷售額大增，還是附近開了一家新超市搶走顧客，每個月該付的店租都不會改變。

企業購買工廠、建築物、機械或車輛等所需的費用（折舊費用），也屬於固定成本。

例如，某鉛筆公司買了一台100萬元的機器，預計可使用10年。公司不會把這100萬元一次列為當年的支出，而是分成10年平均分攤。

如果每年都列入相同金額，分成10年分攤，費用就是每年10萬元。

100萬元 ÷ 10年 ＝ 10萬元

鉛筆的銷售量每年都不同，但這筆費用的計算跟銷路無關。無論鉛筆是否暢銷，公司每年都會列10萬元做為購買機器的費用，這10萬元就叫做「折舊費用」，屬於固定成本。

折舊（Depreciation）

前面提過，企業長期使用的東西，如建築物、機械設備等，並不會在購買的那一年就把所有費用列為成本，而是按照折舊的程度，也就是東西的價值隨著使用時間逐漸降低的狀況，每年把一部分列入帳目。

所以，機械、建築物的成本會在預計的使用年限期間，每年分攤一部分計入公司的帳目（算進總金額裡面）。

如果將成本逐年平均分攤，那每年都會產生一筆相同金額的費用，就叫做「折舊費用」。

花5000萬元建設

文具工廠

耐用年限50年
如果每年列入相同金額的費用，每年的費用就是……
5000萬元 ÷ 50年 = 100萬元

折舊費
100萬元

變動成本（Variable Cost）

當生產的物品、提供的勞務數量發生變化時，成本也會跟著改變，這樣的成本就叫做「變動成本」。

舉例來說，某家公司生產的筆記本中，有一種卡通圖案的筆記本賣得特別好。製造得愈多就可以賣得愈多，於是他們決定增加產量。這樣一來，就必須購買大量紙張，做為製造筆記本的材料。也就是說，筆記的生產量愈多，購買的紙張也愈多，紙張的費用也會跟著提高。所以，紙張的費用（材料費）屬於變動成本。

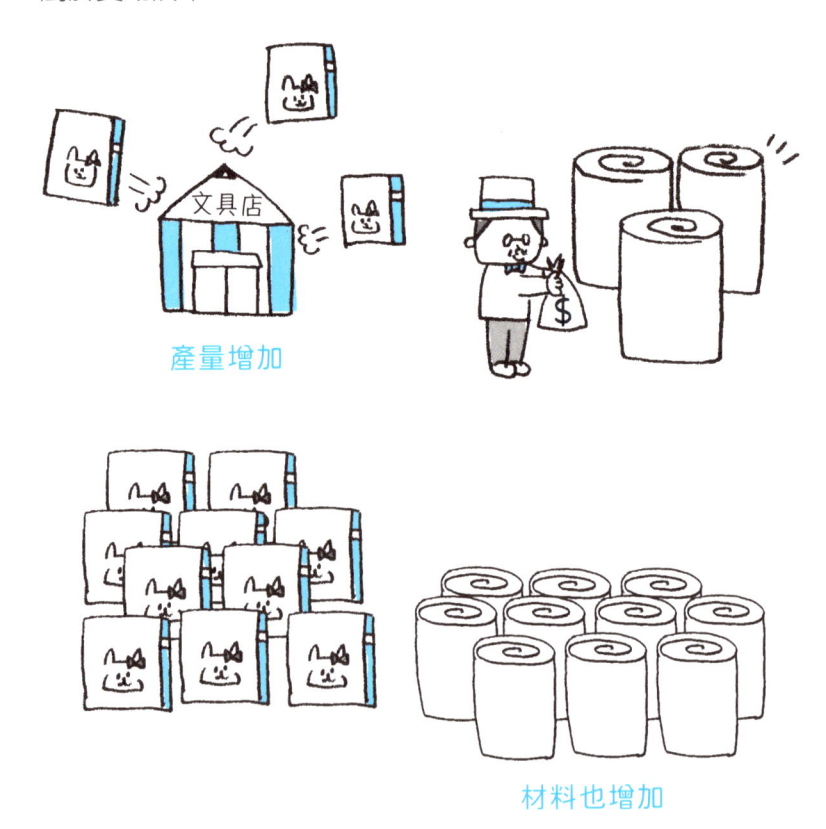

產量增加

材料也增加

總收益(Total Revenue)

也就是「銷售額」。物品與勞務的單價×販賣數量所得的總額。

某麵包店販賣各式麵包收益

豆沙麵包　　20元 × 100個 ＝ 2000元

土司　　　　50元 × 200個 ＝ 10000元

咖哩麵包　　30元 × 80個 ＝ 2400元

果醬麵包　　30元 × 150個 ＝ 4500元

總收益　18900元

損益平衡點銷售額（Break Even Point Sales）

　　剛好不賺也不賠的銷售額。企業透過這個數字來判斷是否達到收支平衡、有沒有獲利空間。

銷售額 － 總成本（變動成本 ＋ 固定成本）＝ 利潤

　　　　銷售額　　　　　－　　　　變動成本

利潤（Profit）為0時的銷售額，稱為「損益平衡點銷售額」，也就是企業盈虧的分界線。

銷售額 － 總成本（變動成本＋固定成本） ＝ 0

如果實際銷售額高於損益平衡點銷售額，表示就算實際銷售額低於目前水準，企業仍有獲利的能力。因此可以說，實際銷售額超出損益平衡點銷售額愈多，代表企業的實力愈雄厚。

－　　　　　固定成本　　　　　＝ 0

已賣出麵包的銷售額等於損益平衡點銷售額。

黑字（In the Black）、赤字（In the Red）

黑字指收入大於支出，表示獲利的狀態；赤字則是支出大於收入。

談到財金話題時，「赤字」「黑字」這兩個詞常被提起；不只個人、企業，連討論國家財政時也很常見，是相當普遍的詞彙。

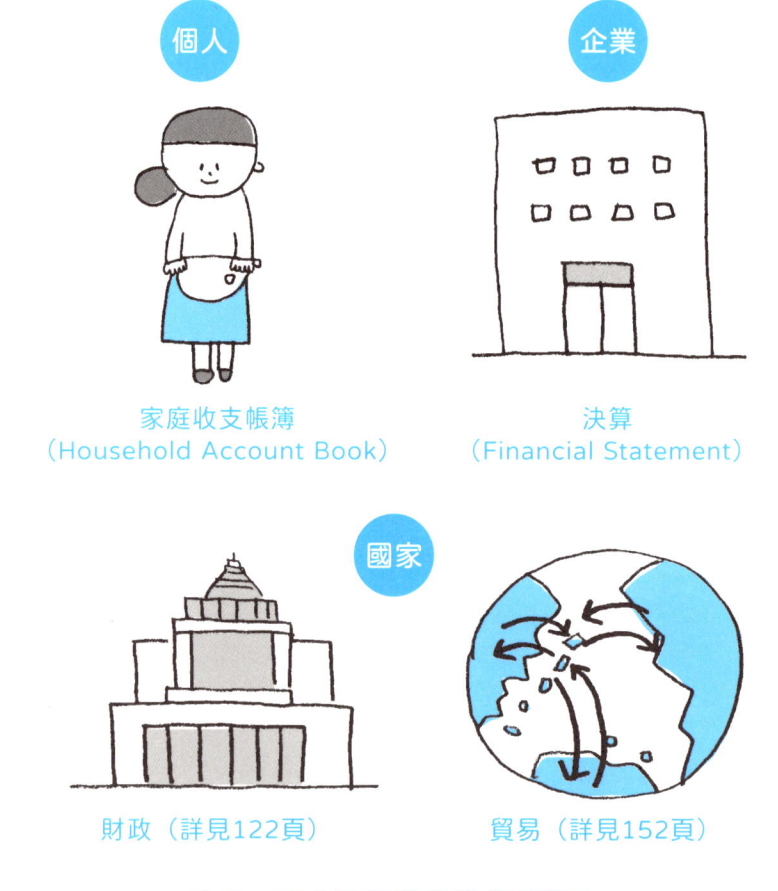

個人

家庭收支帳簿
（Household Account Book）

企業

決算
（Financial Statement）

國家

財政（詳見122頁）

貿易（詳見152頁）

赤字、黑字這兩個詞隨處可見！

賽局理論（Game Theory）

玩撲克牌遊戲「抽鬼牌」時，每個人都在暗中觀察鬼牌在誰手上，而抽到鬼牌的人也會想辦法讓別人抽走它。無論個人或企業，都會打探對手的意圖、採取行動、影響對方的決策，為自己謀求最大利益，這就叫「賽局理論」。

●以果汁市場為例

各企業在決定自家產品的價格、產量時，
都會揣測其他對手的銷售策略。

我們就定25元吧！

我們1瓶賣24元吧！

我們來賣26元吧！

囚犯的兩難（Prisoner's Dilemma）

這是賽局理論中最經典的案例。

指企業間雖有合作關係，但在無法互通訊息的情況下，選擇了對彼此都不利的背叛行為。

強盜雙人組A、B被捕，兩人分別接受調查。

不同的房間

A

B

> 如果你招供,他保持緘默,你會被釋放,他會判刑10年。

A　　　　　　　　　B

　　如果都持續保持緘默的話,那就兩人都判刑1年。若兩人都招供,就都判5年。

　　你要怎麼做呢?

	A緘默	A招供
B緘默	A、B都判刑1年	A獲釋 B判10年
B招供	A判10年 B獲釋	A、B皆判5年

　　從上表中可看出,如果兩人都想把刑責減到最輕,最好都保持緘默。

不過，如果不知道對方的選擇，就會怕對方出賣自己，結果兩人都選擇了招供。

A

B

如果只考慮到個人的利益，就無法綜觀全局，做出最好的判斷。

「囚犯的兩難」提醒我們，如果採取行動時只著眼於自己的得失，覺得自己好就好，對整體來說未必會有好結果。

第 3 章

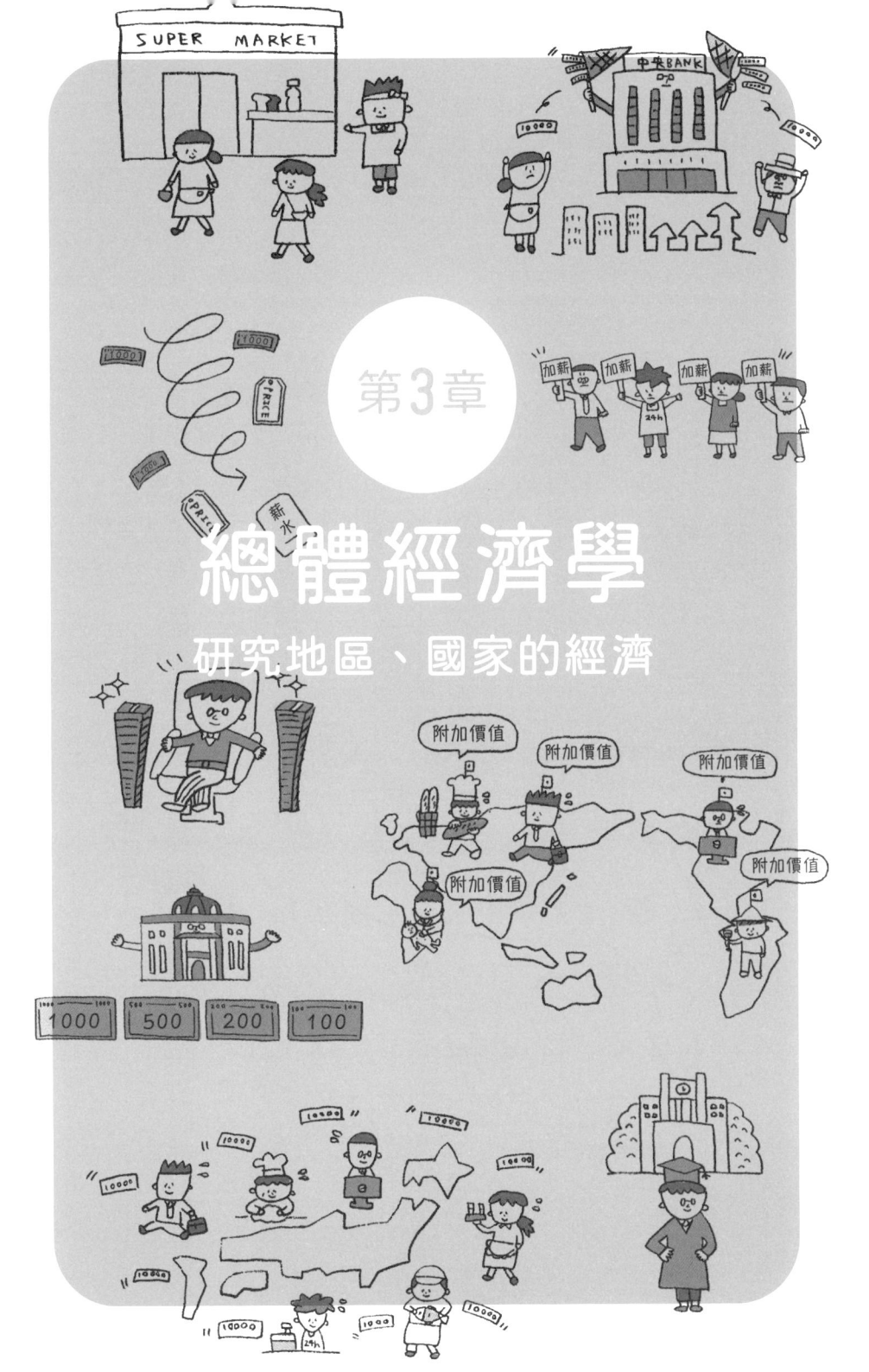

總體經濟學

研究地區、國家的經濟

國家經濟

GDP（國內生產毛額，Gross Domestic Product）

在一定期間內（通常是一年），一國新生產的所有附加價值（詳見82頁）。

日本的GDP大約600兆日圓（編註：約臺幣125兆元，臺灣GDP則約臺幣25.5兆元）。GDP是衡量一國經濟能力的指標，就像國家的成績單。所以不只是該國國民與企業的貢獻，還包括了住在該國的外籍人士、在該國營業的外國企業所生產的價值。

●不列入 GDP 的項目

只有「新生產」的附加價值才會列入GDP，因此，以下內容不在GDP範圍內。

GDP只包括最終產品（Final Products，指已完成生產的最後階段，可直接用於消費的物品與勞務），不涵蓋中間產品（Intermediate Product，生產最終產品所使用的物品與勞務）

中間產品　　最終產品

牛奶是生產給大家喝的，是最終產品，所以包含在GDP範圍內。

中古商品

中古商品的買賣是「所有者的轉移」，並不會生產出新價值。

中古車　　　　　　　　　　　　二手書

未經市場交易

家務勞動

犯罪組織的
非法交易

附加價值（Added Value）

企業新生產的物品與勞務總額中，扣除生產所需原材料與中間產品的費用。

麵包

材料

麵粉　奶油

製作麵包會用到麵粉和奶油,這些材料屬於中間產品。麵粉雖然是用小麥製造,但它被用來生產麵包(最終產品);所以,在計算麵包的附加價值時,應該把它的費用從麵包的生產總額中扣除。

麵包生產額 － 麵粉、奶油等費用 ＝ 附加價值

GNP(國民生產毛額,Gross National Product)

GDP計算的是一個國家「境內」生產的物品與勞務價值(即使生產者是外國人也納入統計);GNP則只計算該國「國民」新生產的附加價值。

也就是說,GNP包括了該國國民在國內和國外生產的附加價值,但不包括居住在該國的外國人所生產的附加價值。

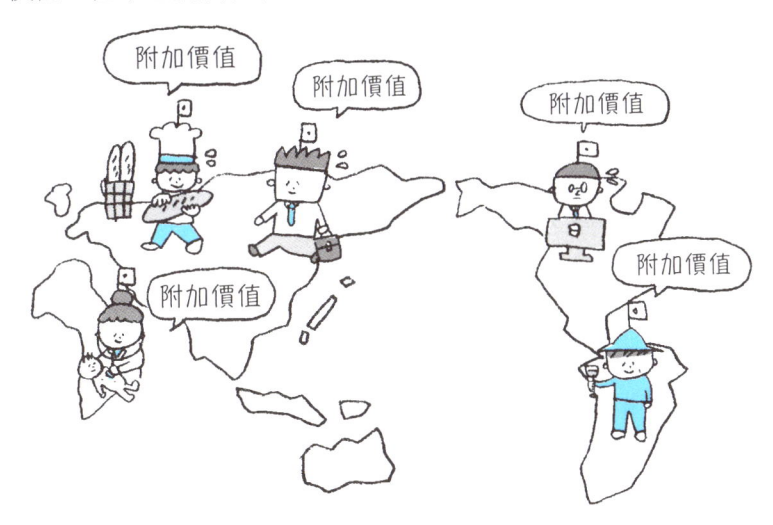

經濟成長（Economic Growth）

一個國家的GDP（物品與勞務總生產量）隨著時間增加。

去年

經濟成長

今年

明年

經濟成長率（Rate of Economic Growth）

一個國家在一定期間內經濟成長了多少百分比。通常以GDP的增長幅度來計算。

去年　　　　　　　　　　GDP100億元

今年　　　　　　　　　　GDP110億元

從去年到今年，GDP增加了多少？經濟成長了嗎？
（今年110億元÷去年100億元－1）×100＝10%
⇒ **經濟成長了10%**

所得（Income）

參與經濟活動、生產活動的人所獲得的等價報酬。

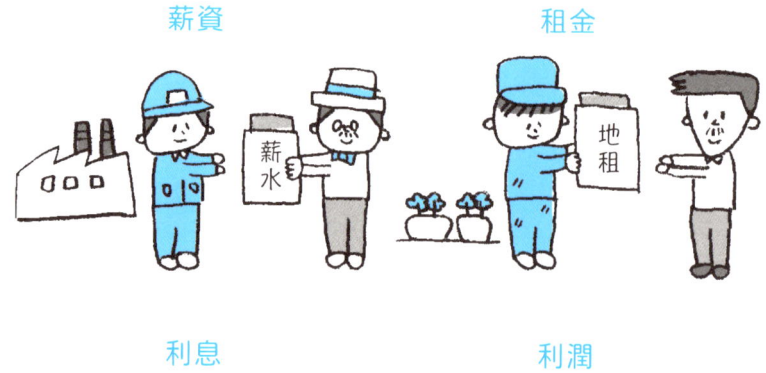

薪資　　　　　　　租金

利息　　　　　　　利潤

國民所得（National Income，NI）

一個國家的國民在一定期間內（通常是一年間）所得的總和。計算方法是國民生產毛額（GNP）加上補貼（Subsidies）後，扣掉間接稅（Indirect tax）與固定資本消耗（Consumption of Fixed Capital，即固定資本耗損的部分，相當於69頁提到的折舊費用）。

> 國民所得＝國民生產毛額＋補貼－間接稅－固定資本消耗

景氣

景氣（Economic Conditions）

經濟活動的整體狀況，包括物品與勞務的買賣、交易等。景氣良好稱為**好景氣**（Boom）。

好景氣就是……

消費、投資增加，產品大賣。

這樣一來……

多多生產吧！

企業為了增加生產與銷售，就會僱用更多員工。

⇒ **工作機會多，失業率低。**

相反地，景氣不好的狀況稱為不景氣（Recession）。

不景氣就是……

消費、投資減少，產品滯銷。

這樣一來……

企業減少生產、降低員工薪水、減少僱用員工。

⇒工作機會減少，失業率上升。

景氣循環（Business Cycle）

　　資本主義經濟制度下，景氣不會永遠保持穩定，而是繁榮與衰退不斷交替地出現，這種週期性的景氣變動就叫做「景氣循環」。

① 生產、消費等經濟活動活躍，稱為景氣擴張（復甦、繁榮）（Business Expansion）。

② 生產、消費等經濟活動不振，稱為景氣衰退（後退、蕭條）（Business Recession）。

在景氣循環中，由上升到下降的轉換點稱之為**景氣頂峰**（Peak），由下降到上升的轉換點則稱**景氣谷底**（Trough）。

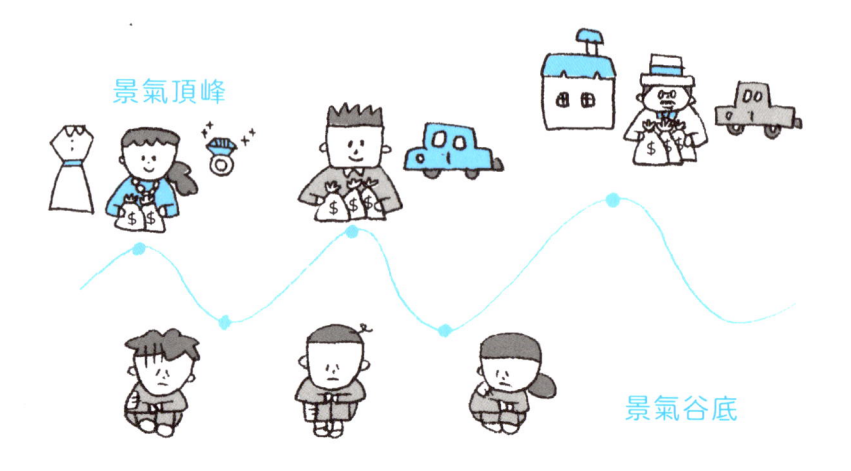

景氣就這樣如同波浪起伏，時高時低，時好時壞。

景氣循環的波形有好幾種，其中最具代表性的有基欽週期（Kitchin Cycles）、尤格拉週期（Juglar Cycles）、顧志耐週期（Kuznets Cycle）、康德拉捷夫週期（Kondratieff Wave）等。一般認為這些週期相互重疊，形成了景氣循環。

> **基欽週期**：景氣循環因企業庫存的變動而產生，約40個月為一個循環。
> **尤格拉週期**：景氣循環因企業設備投資的變動而產生，約10年為一個循環。
> **顧志耐週期**：景氣循環因建築物的改建而產生，約20年為一個循環。
> **康德拉捷夫週期**：景氣循環因技術革新而產生，約50年為一個循環。

失業率（Unemployment Rate）

新聞媒體中常出現「失業率」這個詞。其實，比較正確的說法應該是「完全失業率」，指15歲以上想工作的人當中，有多少比例的人沒有工作。

所謂失業率高，就是許多人有工作意願，但找不到工作，通常反映經濟不景氣。相反地，失業率低通常代表好景氣。

2023年，日本的完全失業率平均為2.6%。有些人雖然有工作機會，但因工作地點太遠等錯配（Mismatch）的因素，仍處於失業狀態，這類失業率通常維持在3%左右。所以，只要失業率低於3%，就可稱為「完全僱用」，也就是有工作意願的人都能找到工作。

不只在日本，在美國或其他國家，失業率都是觀察景氣動向、決定金融政策的重要參考。

沒有工作的人
―――――――
15歲以上
想工作的人

失業率低⇒好景氣　　　失業率高⇒不景氣

求才求職比（Jobs-to-applicants ratio）

失業率的相對一面是求才求職比，用來反映勞動力短缺的程度。

求才求職比就是求才人數（企業想僱用的人數）占求職人數（到全國職業介紹所申請找工作的人數）的比例。比值大於1時，表示勞動市場人手不足。

日本2023年的求才求職比是1.31。因為新冠疫情造成的動盪不安（詳見192頁）已經穩定下來，就業環境改善，這個數據連續兩年上升；不過，尚未回到2019年疫情爆發前1.60的水準。

$$\frac{求才人數}{求職人數}$$

家庭經濟

在32頁中提到，家庭是經濟主體之一，在國家經濟中扮演重要角色。所以，現在我們就來仔細看看與家庭相關的經濟詞彙與機制。

消費（Consumption）

這個詞也是耳熟能詳。消費是我們每天都會做的事，指人們為了滿足欲望（想要某種東西、做某件事的心情）而去購買、使用物品與勞務。

儲蓄（Savings）

顧名思義，儲蓄就是「累積並儲存」的意思。指一個國家國民的收入中，沒有用於消費物品與勞務的部分。

恩格爾係數（Engel's coefficient）

家庭消費支出中用來購買食物的比例，通常以百分比表示。舉例來說，如果家庭所得10萬元，其中有5萬元是伙食費，那麼，恩格爾係數就是50%。

德國社會統計學者恩斯特‧恩格爾（Ernst Engel）發現，當所得水準提高，伙食費的比例就會降低。

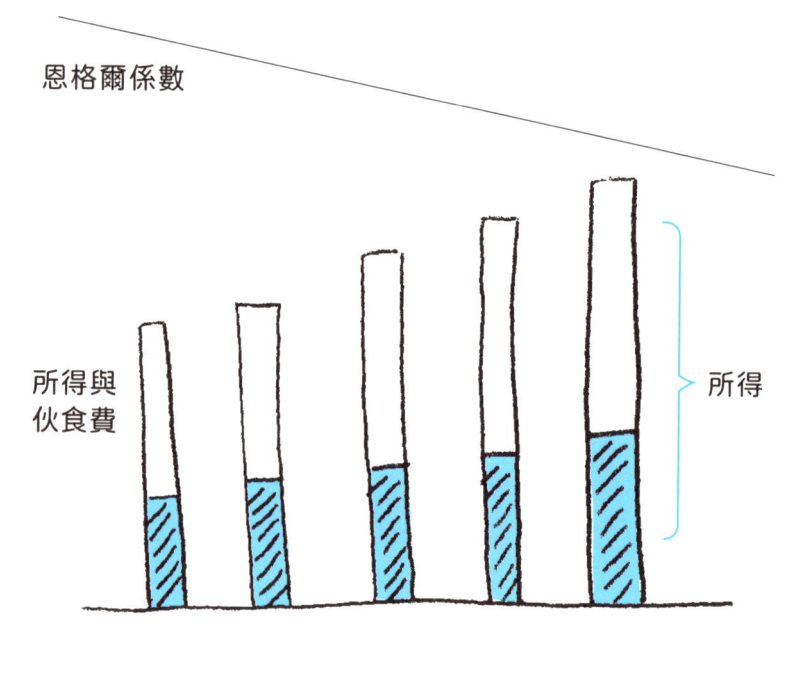

恩格爾係數

所得與伙食費

所得

伙食費

日本2023年的恩格爾係數是29%，創下1980年以來的新高。因為日本的食品高度依賴進口，受日幣貶值（詳見150頁）影響，導致食品價格大幅上漲。

金融

金融（Finance）

　　指資金的融通，也就是將閒置的資金導向資金短缺的地方，可能發生在家庭、企業或政府之間。在這個過程中，金融機構扮演橋梁的角色。

　　金融機構包括銀行、保險公司、證券公司等。

銀行（Bank）

銀行的業務主要是保管個人、公司存放的資金，並將資金借給需要的人或公司。

銀行的主要業務包括以下幾種：

第一是擔任借款者與貸款者的仲介。具體來說，就是將存放在銀行的存款借給需要的人或企業。

第二是結算（Settlement），也就是透過銀行的帳戶匯款、繳費等。

第三是信用創造（Credit Creation），就是銀行藉由重複貸出存款來增加金錢（存款）。例如，銀行將收存的部分資金貸款給某公司，該公司再把從銀行借來的錢存入銀行，銀行又將那筆存款的一部分貸款給別的公司，而那家公司又存進銀行……，這樣的方式反覆進行，就叫做信用創造。

● 仲介

存錢　　　　　　　　　　　　　　借錢

●結算（Settlement）

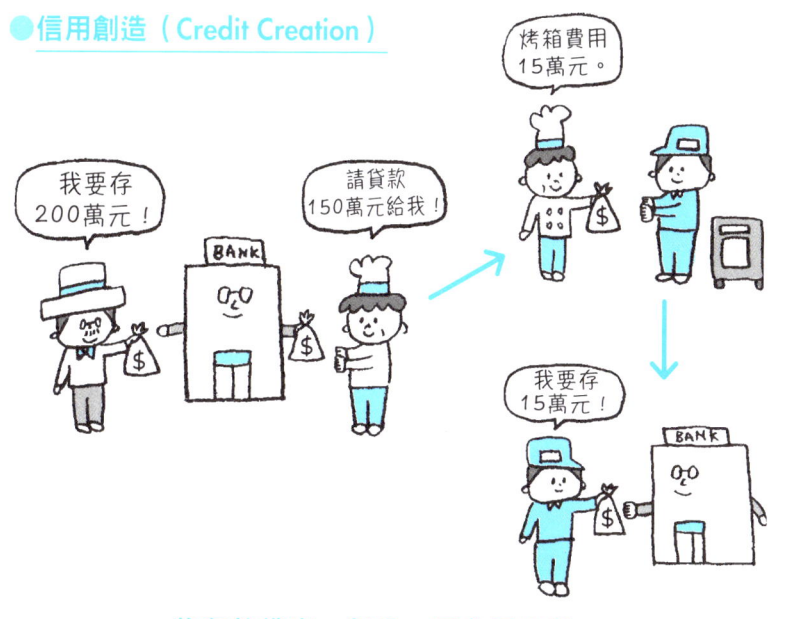

透過銀行的帳戶進行資金收付。

●信用創造（Credit Creation）

將存款貸出一部分，再收受存款，
再貸出一部分，再收受存款……
反覆進行，錢愈來愈多。

專　欄　各種支付方式

●**轉帳（Transfer）**

　　把錢匯進收款人的銀行帳戶。

　　轉帳可以透過銀行櫃檯、ATM（自動櫃員機、銀行、便利商店都有）、網路銀行等。

●**網路銀行（Internet Bank）**

　　用電腦或手機上網，和銀行的電腦連線，就可以從帳戶匯款、繳費，不必特地跑銀行，非常方便。

●**自動扣繳（Automatic Debit）**

　　電話費、水電費、營養午餐費等這些每個月必須固定支付的費用，可以設定定期從銀行帳戶自動扣繳，這樣就不會忘記繳費了。

●**信用卡（Credit card）**

　　你可能看過有些人會使用VISA卡、萬事達卡（Master

Card）、JCB卡、美國運通卡（American Express Card）來付款。信用卡有種魔法，讓人產生不用付錢的錯覺。但當然，不是真的不用付。

信用卡的運作方式

信用卡公司會先代替持卡人付款給商店，而商店會付手續費給信用卡公司（通常是貨款的2%～3%），這也是信用卡公司的利潤。

⇒信用卡支付的金額會每個月結帳，在每個月帳單週期結束時，會收到一份信用卡帳戶月結單，列出必須向銀行償還的金額。

＊如果無法全額付清款項，就必須額外支付高額利息，如果未付款的次數過多，信用卡就會被停用。

● 電子貨幣（Electronic Money，詳見 103 頁）

　　數位化金錢。把錢數位化後，儲值在信用卡或金融卡等，透過資料傳輸來付款。以日本來說，Suica、PASMO、Edy、nanaco、WAON、Paypay、樂天Pay等都是著名的電子貨幣。（編註：目前臺灣主流的電子支付則有：LINE Pay、臺灣Pay、Pi拍錢包、Apple Pay、Google Pay、Samsung Pay等）

＊除此之外，還有主要用於網路交易的加密貨幣（Cryptocurrency，詳見 104 頁）、用於高額交易的本票、支票等。

專欄　金錢百態

要在銀行存款，必須先「開立帳戶」。帳戶就像個人專屬的窗口，用來計算存款人資金的進出。

帳戶的種類有以下4種：

●活期存款帳戶（Demand Deposit Account）

管理活期存款的帳戶，可隨時存款、提款。

●綜合存款帳戶（Composite Deposit Account）

可同時管理活期存款與定期存款的帳戶。如果採用定期存款的方式，資金在存入後，一定期間內不能提領，優點是利率較高。

●支票帳戶（Checking Account）

用來支付本票、支票的帳戶。通常是公司或商店經營者在使用。

●利息（Interest）

借錢給他人、向他人借錢或存款時所支付或得到的額外費用，時間愈長，金額愈大。在金融機構存款、儲蓄，或投資公債時，都可以得到利息做為報酬；而向金融機構貸款時，則必須支付利息。

通貨

通貨（Currency）

金錢的總稱,特別指在某個國家或地區流通使用的貨幣。

世界上有許多不同的通貨單位,臺灣的通貨單位是「新臺幣」,通常簡稱「元」,如1千元、5百元。

美國的通貨單位是「美元」（Dollar）,英國則是「英鎊」（Pound）,日本為「圓」（円）。

另外,德國、法國等歐洲國家組成聯盟,決定使用同一種通貨,叫做「歐元」（Euro）。

外幣（Foreign Currency）

本國以外的通貨。對我們來說,新臺幣以外的通貨（美元、英鎊、歐元、日圓、韓元、人民幣等）,都是外幣。

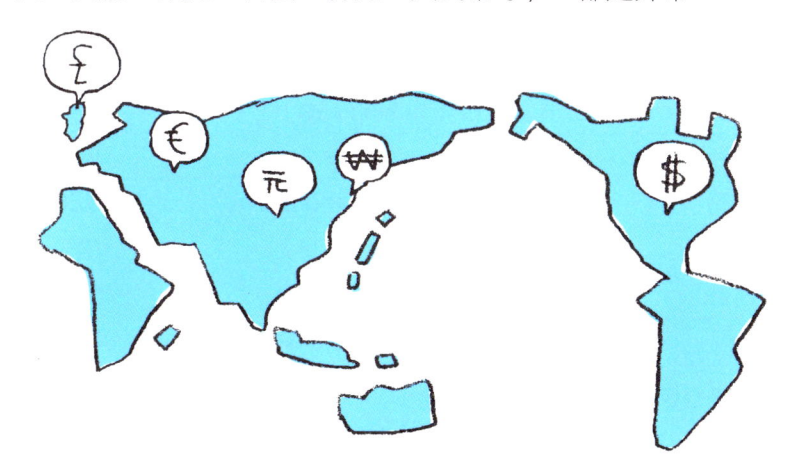

通貨一覽表

國家、地區	通貨	通貨代碼
美國	美元（United States Dollar）	USD
加拿大	加幣（Canadian Dollar）	CAD
歐盟	歐元（Euro）	EUR
英國	英鎊（Pound Sterling）	GBP
瑞士	瑞士法郎（Swiss Franc）	CHF
瑞典	瑞典克郎（Swedish Krona）	SEK
挪威	挪威克郎（Norwegian Krone）	NOK
俄羅斯	俄羅斯盧布（Russian Ruble）	RUB
日本	日圓（Japanese Yen）	JPY
中國	人民幣（Chinese Yuan）	CNY
香港	港幣（Hong Kong Dollar）	HKD
臺灣	新臺幣（New Taiwan Dollar）	TWD
新加坡	新加坡幣（Singapore Dollar）	SGD
韓國	韓元（Korean Won）	KRW
泰國	泰銖（Thai Baht）	THB
馬來西亞	馬來西亞林吉特（Malaysian Ringgit）	MYR
菲律賓	菲律賓比索（Philippine Peso）	PHP
越南	越南盾（Vietnamese Dong）	VND
印度	印度盧比（Indian Rupee）	INR
土耳其	土耳其里拉（Turkish Lira）	TRY
澳大利亞	澳幣（Australian Dollar）	AUD
紐西蘭	紐西蘭幣（New Zealand Dollar）	NZD
巴西	巴西里爾（Brazilian Real）	BRL
墨西哥	墨西哥比索（Mexican Peso）	MXN
南非	南非蘭特（South African Rand）	ZAR

（中文名稱參考 https://safety.bsmi.gov.tw/character?target=Currency&title=A）

電子貨幣（Electronic Money）

電子貨幣是一種系統，可以把貨幣轉換成等值的電子資訊，並透過網路或專用終端機來變更資訊。使用者可預先把錢存入系統（儲值），再用來支付。

日本代表性的電子貨幣如西瓜卡（Suica）、nanaco等都是預付卡，必須先儲值才能用來付款（編註：類似臺灣的悠遊卡）。而信用卡這種先消費後付款的支付工具，有時也會被歸類為電子貨幣。電子貨幣可說是資金結算的方式。

加密貨幣（Cryptocurrency）

　　日圓、美元、歐元這類通貨是由國家或中央銀行管理，它們的價值建立在國家信用之上。但加密貨幣不同，它不受國家或中央銀行控制，本質上是一種在網路交易的財產。

　　加密貨幣以電子資訊的型態存在於網路上，可以轉移。所以，如果要付款給不特定的人，加密貨幣非常方便。平常我們付款大都用銀行轉帳或信用卡（見98頁），而加密貨幣有個好處，就是手續費便宜，還能兌換成日圓、美元或歐元等通貨。

　　一般來說，加密貨幣是用區塊鏈技術來管理。區塊鏈系統能夠防止資料的破壞、改寫等不正當行為。

　　不過，加密貨幣的價格可能會因為各種因素而變動，例如使用者的供需（見50頁）關係。價格上升會帶來利潤，但也有價格暴跌的危險。

一般的通貨有許多種類，如日圓、美元、歐元等。加密貨幣也是五花八門，據說將近有1000種。以下是幾種比較有名的加密貨幣：

比特幣（Bitcoin）：是個名叫Satoshi Nakamoto的人開發的，但他的真實身分至今不明。2009年問世，是目前最普及的加密資產。

在比特幣之後推出的加密貨幣統稱為山寨幣（Altcoin）。

● **知名山寨幣**

以太幣（ETH）：大約在2013年出現。交易量僅次於比特幣。

瑞波幣（XRP-Ripple）：專為克服比特幣的缺點而開發。瑞波（Ripple）是系統名稱，這個系統中使用的加密資產叫做XRP（瑞波幣）。

中央銀行

中央銀行（Central Bank）

一國負責通貨、金融的主要機構。日本的中央銀行是日本銀行，美國的是美國聯邦準備理事會（The Federal Reserve Board，FED）（譯註：臺灣的是「中華民國中央銀行」）。

日本的中央銀行主要有3種功能：

① 發行紙幣（日本銀行券）

（譯註：日本的硬幣不是由日本銀行發行，而是由政府發行；臺灣的所有貨幣都是由中央銀行發行。）

② 政府的銀行

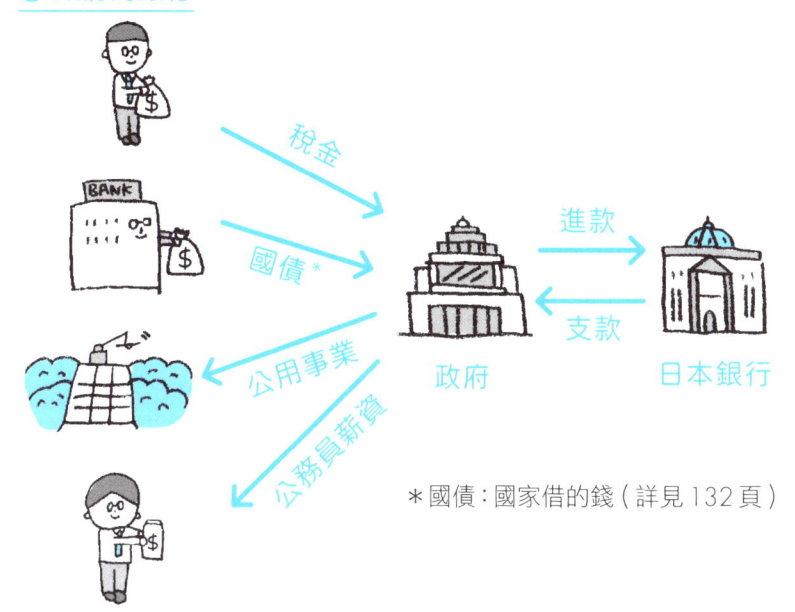

稅金

國債＊

公用事業

公務員薪資

進款

支款

政府

日本銀行

＊國債：國家借的錢（詳見132頁）

③ 銀行的銀行

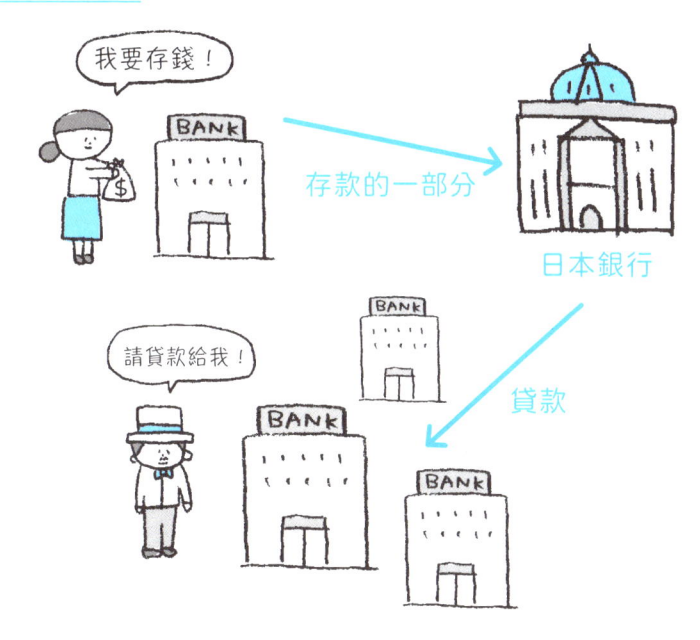

我要存錢！

存款的一部分

日本銀行

請貸款給我！

貸款

貨幣寬鬆（Monetary Easing）

中央銀行的貨幣政策之一。景氣低迷時，中央銀行會採取「貨幣寬鬆」政策來提升景氣。

所謂貨幣寬鬆政策，就是以增加市場上流通的貨幣數量來促進景氣好轉。

具體措施有：
① **調降政策利率（中央銀行提供借貸的利率，Policy Interest Rate）**

政策利率下降 → 企業或個人向銀行貸款的利率下降

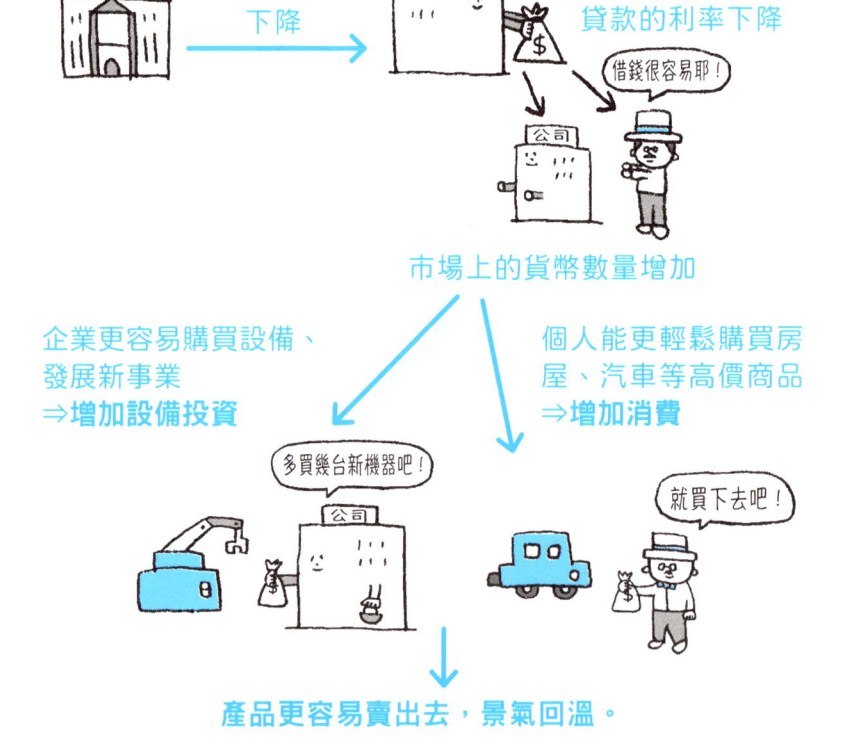

借錢很容易耶！

市場上的貨幣數量增加

企業更容易購買設備、發展新事業
⇒**增加設備投資**

個人能更輕鬆購買房屋、汽車等高價商品
⇒**增加消費**

多買幾台新機器吧！

就買下去吧！

產品更容易賣出去，景氣回溫。

② **購買國債，增加市場上的貨幣數量**

這種做法稱為「量化寬鬆」（Quantitative Easing，簡稱QE）。當利率持續降到0%，無法再降時，中央銀行就會採用這種貨幣寬鬆政策。

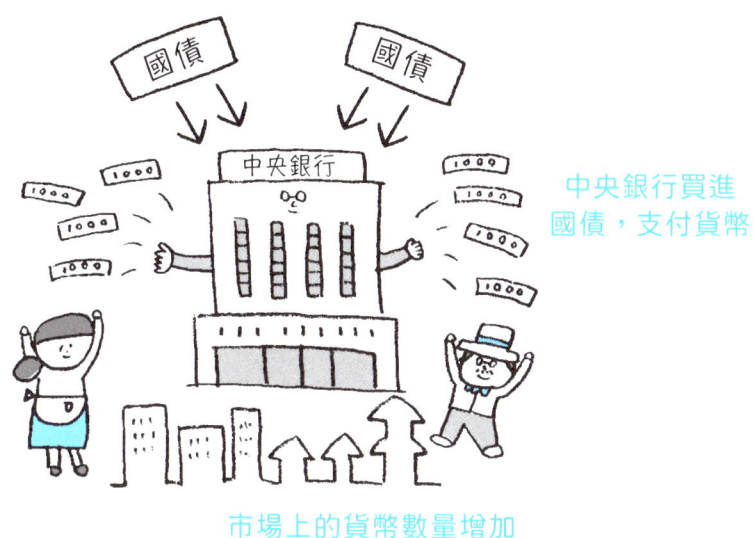

中央銀行買進國債，支付貨幣

市場上的貨幣數量增加

↓

企業或個人更有意願購買各種物品與勞務

↓

產品更容易賣出去，景氣回溫。

貨幣緊縮（Monetary Tightening）

　　中央銀行的貨幣政策之一。當景氣過熱，物品與勞務的價格飛漲（通貨膨脹，詳見116頁），中央銀行就會施行「貨幣緊縮」政策來減少市場上的貨幣數量。這種做法與「貨幣寬鬆」恰恰相反。

　　具體措施有：
① **調高政策利率（中央銀行提供借貸的利率）**

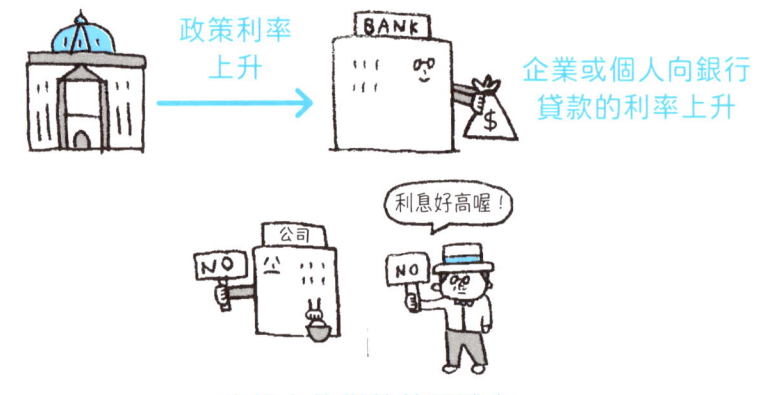

政策利率上升 → 企業或個人向銀行貸款的利率上升

利息好高喔！

市場上的貨幣數量減少

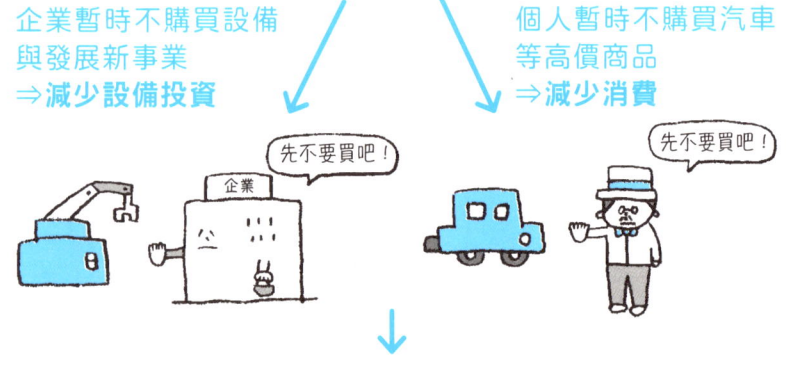

企業暫時不購買設備與發展新事業
⇒ **減少設備投資**

個人暫時不購買汽車等高價商品
⇒ **減少消費**

先不要買吧！

先不要買吧！

物品與勞務很難賣出去，景氣過熱與通貨膨脹受到控制。

② 出售國債,減少市場上的貨幣數量

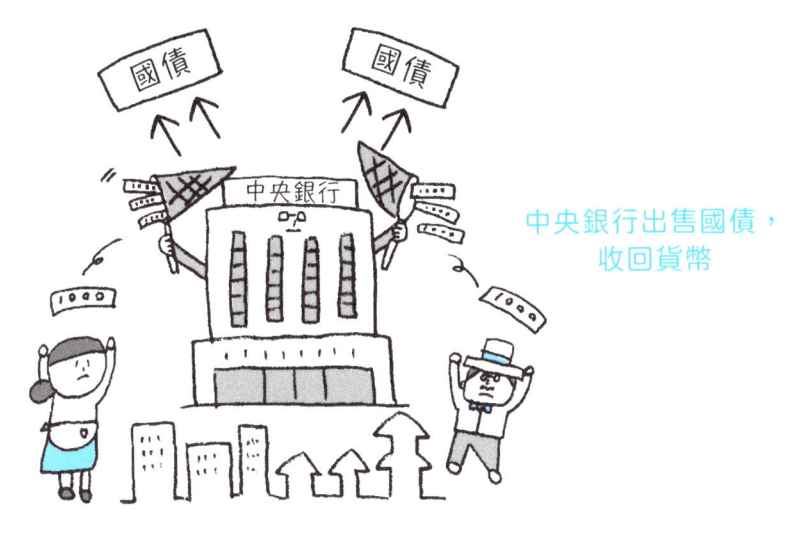

中央銀行出售國債,收回貨幣

市場上的貨幣數量減少

↓

企業或個人購買物品與勞務的意願降低

↓

物品與勞務很難賣出去,
景氣過熱與通貨膨脹受到控制。

物價

物價（Prices）

指物品與勞務的價格。不過，我們一般講的物價不是指個別物品與勞務的價格，而是對各種物品與勞務的價格進行全面的理解和評估。

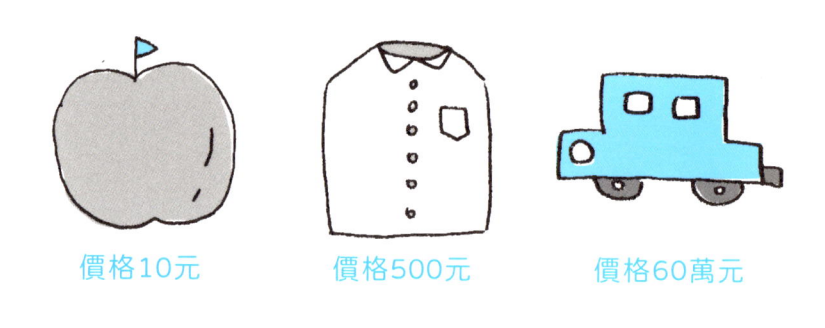

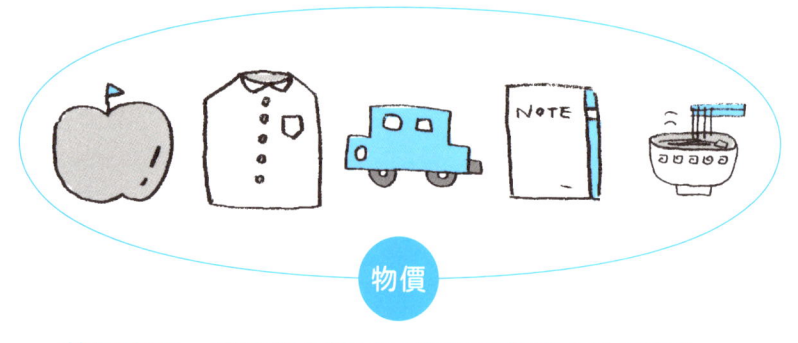

價格10元　　價格500元　　價格60萬元

物價

簡單來說，就是綜合衡量各類物品與勞務的價格後，得出的整體價格水準。

物價指數（Price Index）

一種指標，用來表示各種物品與勞務的價格波動，幫助我們了解物價如何變化。

指數的計算是以某個時間為基準點，設定當時的數值為100，再和其他時期比較。

去年的物價＝100 ⟶ 今年的物價＝120

做為基準點的時間（基期）

這個例子中，今年物價是120，高於去年的100，表示「物價上漲」。如果今年物價是90，低於去年的100，則是「物價下跌」。

消費者物價指數（Consumer Price Index，CPI）

消費者為了生活所需，會購買各種物品與勞務，消費者物價指數就是把這些物品與勞務的平均價格變化用一個簡單的指數表示。這個數據是了解物價變動最重要的參考指標。

① 假設A國國民去年一年間購買了各式各樣的物品與勞務。
　以下是他們購買的內容：

米5萬元	肉8萬元	蔬菜8萬元	飲料5萬元
衣服10萬元	鞋子5萬元	報紙3萬元	房租30萬元
交通費3萬元	通訊費8萬元	電費、瓦斯費15萬元	

去年　　　　　　　　　　　　　　　總計　100萬元

② 假設A國國民今年購買的物品與勞務種類、數量都跟去年一樣：

米4萬元　　肉9萬元　　蔬菜9萬元　　飲料6萬元

衣服11萬元　鞋子6萬元　報紙4萬元　房租30萬元

交通費4萬元　　通訊費6萬元　　電費、瓦斯費16萬元

今年　　　　　　　　　　　　　　總計　105萬元

　　與去年相比，今年的消費者物價指數表現如何？上升了多少呢？

　　去年的消費額　100萬元⇒設為100
　　今年的消費額　105萬元⇒消費者物價指數為105

　　　⇒消費者物價上升率為5%

　　雖然通訊費、米價都降低了，但消費者物價指數看的不是個別價格的漲跌，而是整體的價格起伏狀況。

＊消費者物價指數也是中央銀行制定金融政策的重要參考數據。

通貨膨脹（通膨，Inflation）

物價長期持續上漲的現象，稱為「通貨膨脹」。發生這種情況時，消費者物價指數（詳見114頁）會持續攀升。

● **以買車為例**

去年　50萬元

一年後

今年　100萬元

這一年間，車的價格上漲
⇒50萬已經買不起了，要100萬才能買到。

如果不只車子，其他各種物品與勞務也跟著全面漲價，就叫做通貨膨脹。通貨膨脹會導致「貨幣價值下降」。就像上面的例子，去年50萬可以買一輛車，今年同樣的50萬，卻已經買不起了。

專欄　　**為什麼會發生通貨膨脹？**

通貨膨脹的原因大約有3種：

① 各類物品與勞務的需求（想買的人數）超過供給（企業能夠生產、提供的數量）。

我要買車！

50萬元

供給　＜　需求

賣得很好，那就漲價吧！

70萬元

當物品與勞務的數量不足，就算價格貴了點，想買的人還是願意買，於是價格上揚。

⇒造成通貨膨脹。

② 物品與勞務的製造成本（如薪資、材料費等）增加。

薪資、材料費等成本上升，企業將這些成本轉嫁給消費者，造成物品與勞務價格上漲。

⇒造成通貨膨脹。

③ 貨幣供給量增加，市場上的貨幣數量變多。

結果，人們的薪資也提高了，就購買更多物品與勞務（需求增加）。物品與勞務大賣，價格就跟著水漲船高。

⇒造成通貨膨脹。

通貨緊縮（通縮，Deflation）

與通貨膨脹相反，通貨緊縮是指物價長期持續下跌的現象。發生這種情況時，消費者物價指數（詳見114頁）會持續走低。

●以買T恤為例

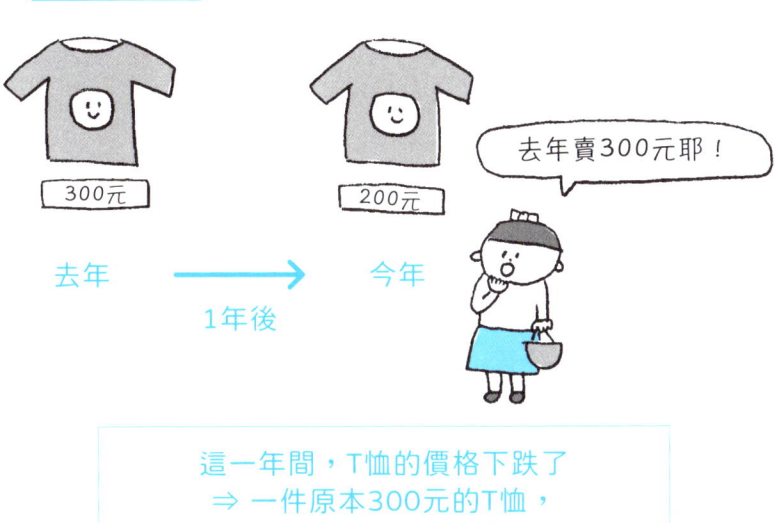

去年 300元 → 今年 200元

去年賣300元耶！

1年後

這一年間，T恤的價格下跌了
⇒ 一件原本300元的T恤，
　現在只要200元就能買到。

如果不只T恤，其他各種物品與勞務也全面跌價，就叫通貨緊縮。通貨緊縮會導致「貨幣價值上升」。就像上面的例子，200元在去年買不到T恤，今年卻可以。

或許有人會覺得，東西變便宜很好啊……

對賣方而言，原本賣出一件T恤可以帶來300元的銷售額，一年後卻縮水到只剩200元，這表示沒賺到錢。這種情況下，企業會如何因應呢？

通貨緊縮時，企業會採取這些措施……

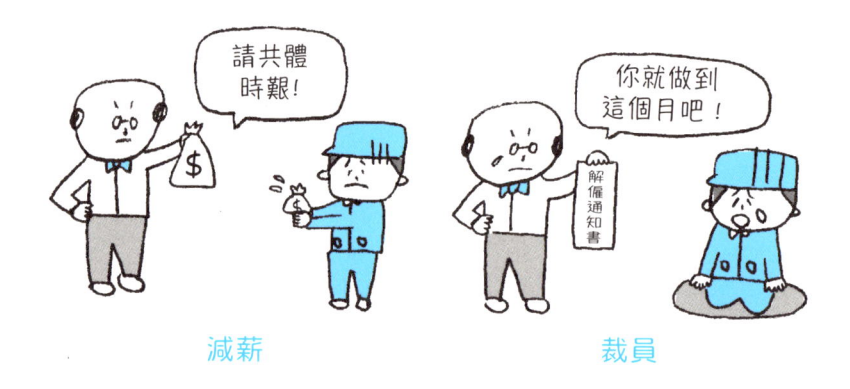

減薪　　　　　　　　　　裁員

結果……

因為薪資縮減和失業等因素，人們的購買欲降低。
⇒物品與勞務賣不出去，價格下滑。
⇒通貨緊縮加劇。

通貨緊縮螺旋（Deflationary Spiral）

通貨持續緊縮，物價、薪資、整體經濟都像螺旋般向下迴旋，走向低迷的狀態。

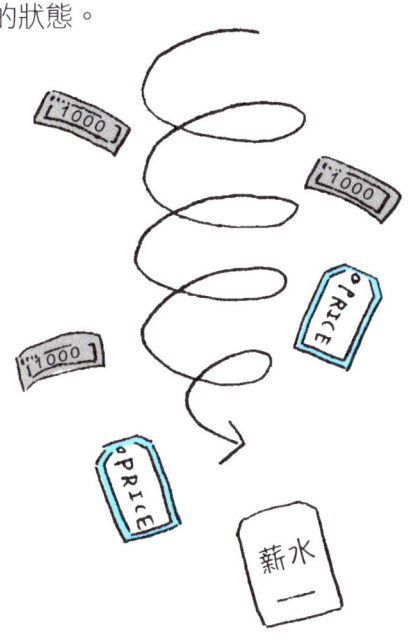

停滯性通貨膨脹（Stagflation）

景氣不佳或停滯時，物價卻上漲的現象。這個詞是「停滯」（Stagnation）與「通貨膨脹」（Inflation）兩個詞結合而成的。

經濟不景氣時，通常需求會減少，物價也會下降。不過，有時景氣停滯、薪水沒漲，物價卻反而上升，這種現象稱為「停滯性通貨膨脹」，會對生活造成相當大的影響。日本在石油危機期間（詳見182頁）就發生過這種現象，當時景氣停滯，衛生紙等商品卻不降反漲。

財政

財政（Finance）

　　中央與地方政府提供各式各樣的服務，保障我們健康、安全的生活。為此，政府必須透過徵稅來籌集資金，用來供應公共需要的服務，這些措施就叫做「財政」。

● 收入（歲入）

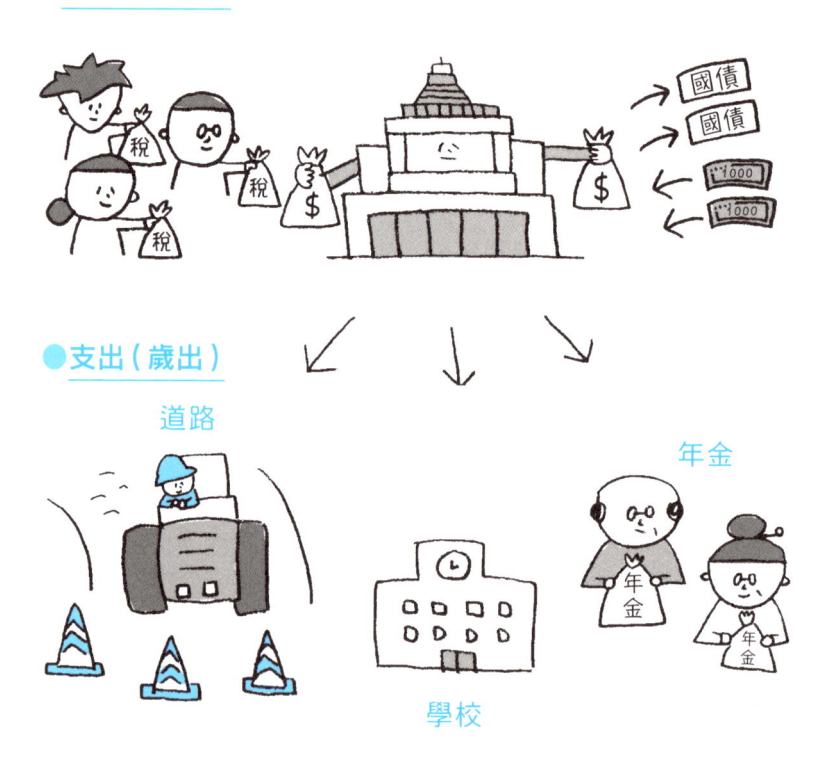

● 支出（歲出）

道路

學校

年金

預算赤字（Budget Deficit）

中央或地方政府的支出（歲出）超過收入（歲入）的狀態。日本目前正面臨預算赤字。因為稅收的錢不夠用，政府只好發行「公債」（詳見132頁），向國民借款來填補缺口。

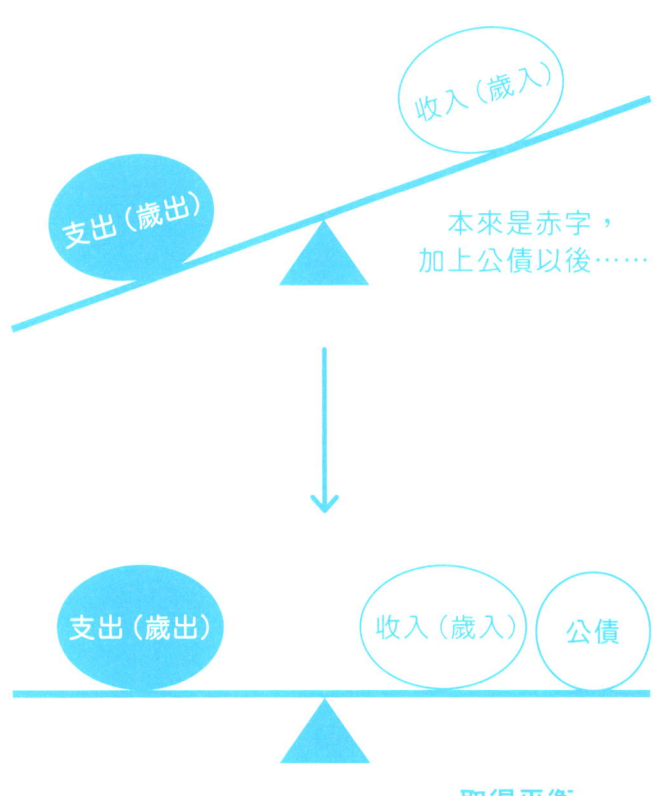

收入（歲入）

支出（歲出）

本來是赤字，加上公債以後……

支出（歲出）　　收入（歲入）　　公債

取得平衡

專欄　預算（Budget）是什麼？

政府對收入、支出的預計方案，稱為「預算」。

在日本，每年預算的制訂與管理是以「會計年度」為單位。會計年度是從每年4月1日開始，到隔年3月31日結束。

日本的國家預算是如何決定的呢？（編註：臺灣的國家預算決策請見125頁最下方。）

8月底以前
各機關決定下年度預計實施的政策，初步估算需要的經費，向財務省（譯註：日本財政部）提出申請。

在日本，掌管國家財政的行政機關是財務省，它的主要職責是維持國家財政的健全、確保稅款的公平徵收及穩定外匯。

9～12月
財務省依據各機關所提的金額與內容，與各機關進一步討論、協調，在12月底以前彙整，編出政府總預算案，內容包括稅收估算、國債發行計畫等。

12月
財務大臣（譯註：日本財政部長）將財務省編好的總預算案提交到內閣會議，進行決議。

1〜3月
日本國會每年定期在1月召開會議，政府在此期間將預算案送交國會討論。

搞定了！

3月底前　國會通過預算案
4月　　　新年度預算正式
　　　　 開始執行

----- 臺灣的國家預算審議流程 -----
1. 會計年度開始9個月前（每年3月左右）：行政院訂定下年度之施政方針。
2. 會計年度開始4個月前（每年8月左右）：行政院提出總預算案送交立法院審議。
3. 會計年度開始1個月前（每年11月左右）：立法院完成議決總預算案。
4. 會計年度開始15天前：由總統公布。
5. 會計年度（每年1月1日）：預算執行。
6. 會計年度結束4個月內：行政院提出決算報告送交監察院審核。
7. 決算報告送達3個月內：審計長提出決算審核報告送交立法院審議。

歲出（Annual Expenditures）

中央或地方政府一整年的支出。日本的歲出約有三分之一用在社會安全上（如醫療費、年金等等）。

你聽過少子高齡化吧？這是指兒童人數減少，老年人口增加的現象，會導致醫療與年金費用不斷增加；同時，未來的勞動人口也會愈來愈少，導致稅收也減少。

2023 年度日本政策預算

償還債務

國債：25.3兆日圓 22.1%
其他：7.6兆日圓 15.4%
國防：6.8兆日圓 5.9%
文教、科技：5.4兆日圓 4.7%
公共事業：6.1兆日圓 5.3%
地方分配稅款、分配款：16.4兆日圓 14.3%
社會安全：36.9兆日圓 32.3%

一般會計歲出總額：114.4兆日圓

政策總經費 90 兆日圓

前面提過，現在日本國家財政處於赤字狀態。日本的政策經費需求約90兆日圓（編註：約臺幣19兆元），但稅收加其他收入只有78.8兆日圓（稅收69.4兆日圓＋其他收入9.3兆日圓＝78.8兆日圓），不足以支付，所以基礎財政收支呈現10.8兆日圓（編註：約臺幣2兆元）的赤字。

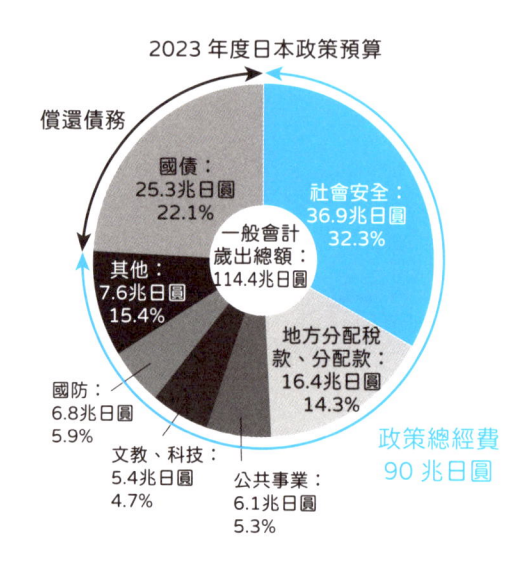

因此，我們必須好好思考未來要如何處理財政問題。

公共投資（Public Investment）

經濟不景氣時，中央或地方政府會修建道路、港口、機場、下水道、公園，或興建圖書館、美術館、博物館、市民中心等，用擴大公共建設支出來刺激各種需求，這樣的投資叫做「公共投資」。藉由增加公共投資來提升景氣，就是所謂的「財政政策」。

歲入（Annual Revenue）

中央或地方政府一整年的收入。在日本，約有6成的歲入來自稅收（包括租稅和印花稅）。國稅（中央政府稅收）的範圍包括所得稅、消費稅及法人稅。

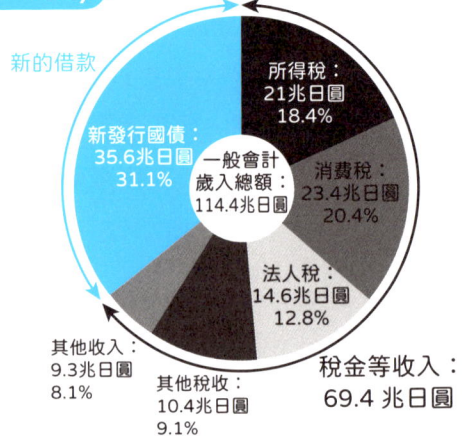

2023年度日本稅收預算

新的借款
新發行國債：35.6兆日圓 31.1%
所得稅：21兆日圓 18.4%
消費稅：23.4兆日圓 20.4%
法人稅：14.6兆日圓 12.8%
其他稅收：10.4兆日圓 9.1%
其他收入：9.3兆日圓 8.1%
一般會計 歲入總額：114.4兆日圓
稅金等收入：69.4兆日圓

專欄　稅金是什麼？

● 稅金（Tax）

我們繳納稅金給政府，政府會把收到的稅金用在各種必要的活動和業務上，以保障國民生活的安全富足。

你購買零食或漫畫時所付的錢，也包含了「消費稅」（編註：臺灣稱為「營業稅」）。所以，就算你是小孩，也是了不起的「納稅人」喔！

稅金的種類很多，國稅主要包括以下幾項：

●所得稅（Income Tax）

政府對個人所得徵收的稅金。日本採取累進稅制，也就是所得愈高，對所得課徵的稅金比率也愈高。（編註：臺灣也是如此。）

●累進稅制（Progressive Tax System）

所得愈多，稅金占所得的比率（稅率）也愈高的課稅制度。我們來看看它的具體運作方式。

非累進稅制

假如無論所得多少，稅率都一樣，我們來看看4個所得不同的人各會繳多少稅。

| 所得 | 100萬元 | 200萬元 | 500萬元 | 1000萬元 |

如果稅率都是5%……

繳納多少稅金？扣掉稅金後，所得剩多少？

| 稅金 | 5萬元 | 10萬元 | 25萬元 | 50萬元 |
| 稅後所得 | 95萬元 | 190萬元 | 475萬元 | 950萬元 |

累進稅制

累進稅率的決定方式：

所得		
	100萬元以下：	5%
	100萬～200萬元：	8%
	200萬～500萬元：	10%
	500萬元以上：	15%

（編註：2024～2025年臺灣所得稅的累進稅率則為：
所得　　59萬元以下　　　　5%
　　　　59萬～133萬　　　12%
　　　　133萬～266萬　　　20%
　　　　266萬～498萬　　　30%
　　　　498萬以上　　　　40%）

繳納多少稅金？扣掉稅金後，所得剩多少？

稅金	5萬元	16萬元	50萬元	150萬元
稅後所得	95萬元	184萬元	450萬元	850萬元

　　在這樣的稅制下，所得增加時，稅金金額、稅率也會跟著提高。這有助於防止財富集中在少數人手中，並且可以縮小所得差距。

●公司稅（Corporate Tax）

政府對企業之類法人組織（例如公司、醫院等）所得課徵的稅。

●消費稅（Consumption Tax）

購買物品與勞務時徵收的稅金，由消費者負擔。在商店購物時，商品的價格中會加入消費稅（編註：即臺灣的「營業稅」，目前為5%是內含於售價內；日本的消費稅則是售價後外加10%）。因此可以說，消費者是透過店家繳納消費稅。

負擔消費稅的人是消費者，繳納消費稅的人則是店家；這種稅金負擔者與繳納者不同的稅，稱為「間接稅」。

而像所得稅這樣，稅金負擔者與繳納者相同的稅，稱為「直接稅」。這個詞我們經常聽到，先把它記下來吧！

供應商 — **店家** — **消費者**

日本店家付給服裝供應商貨款 3000日圓，另加10%的消費稅（300日圓）。

日本消費者付給店家貨款 5000日圓，另加10%的消費稅（500日圓）。

⇒ 店家收到的消費稅500日圓－已支付的消費稅 300日圓 ＝差額200日圓的消費稅交給日本政府

公債（Public debt）

　　國家或地方政府的借款。國家的借款稱為國債，地方政府的借款稱為地方政府公債（Municipal Bonds）。

　　國家和地方政府理應用稅收來支付所有支出，但有時會遇到資金不足的情況；這時政府就會發行「債券」（類似借據）來籌集資金，而借款主要是用將來的稅金償還。

　　日本的國債持續增加，依據日本財務省的資料，截至2023年底，日本的國債總額高達1286兆日圓（編註：約臺幣270兆元），創歷史新高，平均每個國民約背負1037萬日圓（編註：約臺幣217萬元）的債務。（編註：截至2025年7月4日止，臺灣平均每人負擔的債務為臺幣26.1萬元。）

所得重分配（Redistribution of Income）

縮小國民之間所得差距的機制。

自由市場經濟的核心是競爭，所以一定會造成所得差距。

高收入者　　低收入者

為了平衡這種差距，政府設計了各種制度，讓財富從高收入者轉移到低收入者。

案例1　累進稅制

129頁說明了，在累進稅制下，所得愈高，稅率愈高；不只稅金金額增加，稅金負擔比例也比較高。

案例2　社會安全制度（Social Security System）

提供補助金給失業者等生活困難的人，就是一種社會安全措施，而這些資金來自稅收。

專欄　經濟百態

● 非典型僱用（Non-regular Employment）

　　非典型僱用指的是公司以非「正規」方式僱用的員工，例如工讀生、兼職人員、派遣員工等，這樣的僱用型態是造成所得差距的原因之一。當公司不需要這些員工時，他們可能會被解僱；而在社會保險、休假等勞動條件方面，他們的待遇也比較差。

　　現在有愈來愈多大學或高中畢業生找不到正職，只好去打工，從事非典型工作。因為薪水很低，他們艱難度日，很難脫離父母獨立或結婚。

　　而那些跟正式員工一樣全職工作，仍無法脫離貧窮的人，我們稱為「窮忙族」（Working Poor）或「工作貧困階級」，意思就是明明在工作（Working），卻依然貧窮（Poor）。

經濟能力的不同會導致子女教育機會的差異，進一步形成職業與社會地位的差距。這樣的差距可能引發社會問題，而存在這些問題的社會稱為「**格差社會**」（譯註：意即「社會分化」，簡單來說就是社會上貧富懸殊、階層之間不平等的情況嚴重，很難靠個人努力翻身）。

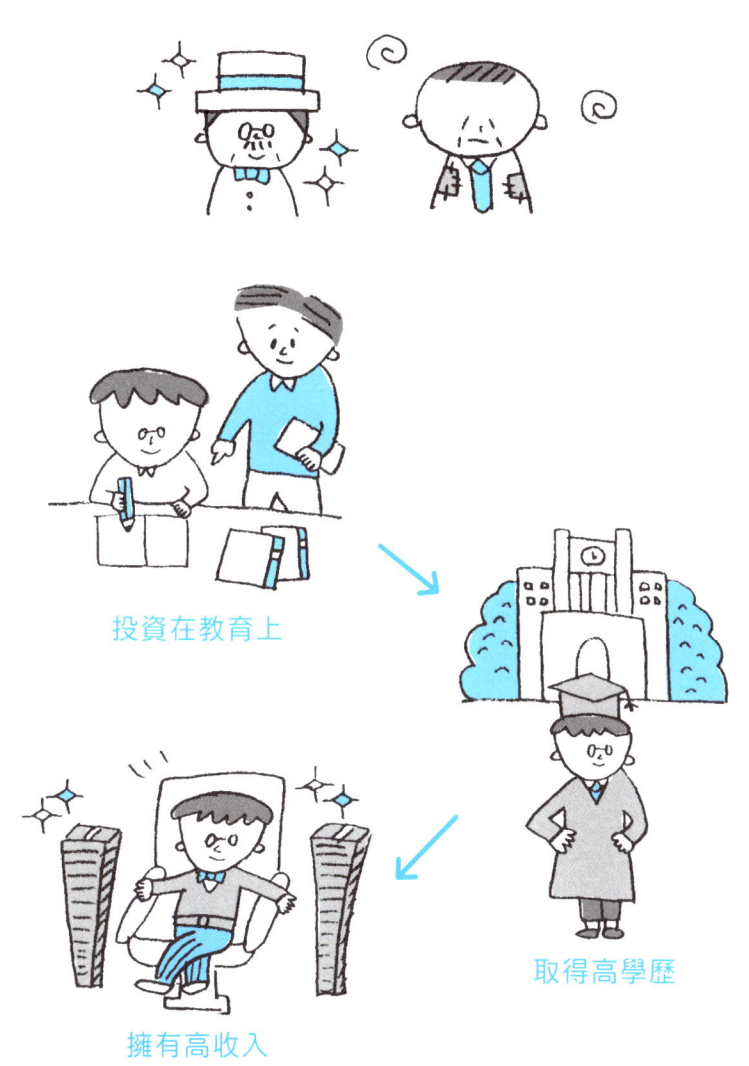

投資在教育上

取得高學歷

擁有高收入

第4章

國際經濟學

外匯

外匯（Foreign Exchange）

兩個不同國家之間貨幣的交換，叫做「外匯」。

日本和美國使用的貨幣單位（通貨單位）不同，日本使用的是「日圓」，美國則是「美元」。

假設你去美國旅行，想買一個漢堡，但如果你付錢時，拿出的是一張1000日圓的鈔票，可能會讓店員很頭痛。因為你人在美國，你必須先把日圓兌換成美國的通貨「美元」，才能在當地使用。

外匯匯率（Rate of Foreign Exchange，Exchange Rate）

要將某國貨幣兌換成另一國的貨幣時，最重要的問題就是「兌換的比例」，這個兌換比例就叫做「外匯匯率」。

浮動匯率制度（Floating Exchange Rate System）

外匯市場上，各國貨幣的兌換比率隨市場狀況而變動，叫做浮動匯率制度。

所謂市場，就是由「供給方」（賣家）與「需求方」（買家）的數量多寡來決定價格的機制。當供給多於需求，價格就會下跌；相反地，如果需求多於供給，東西就算貴了點，大家還是想買，就會導致價格上漲。

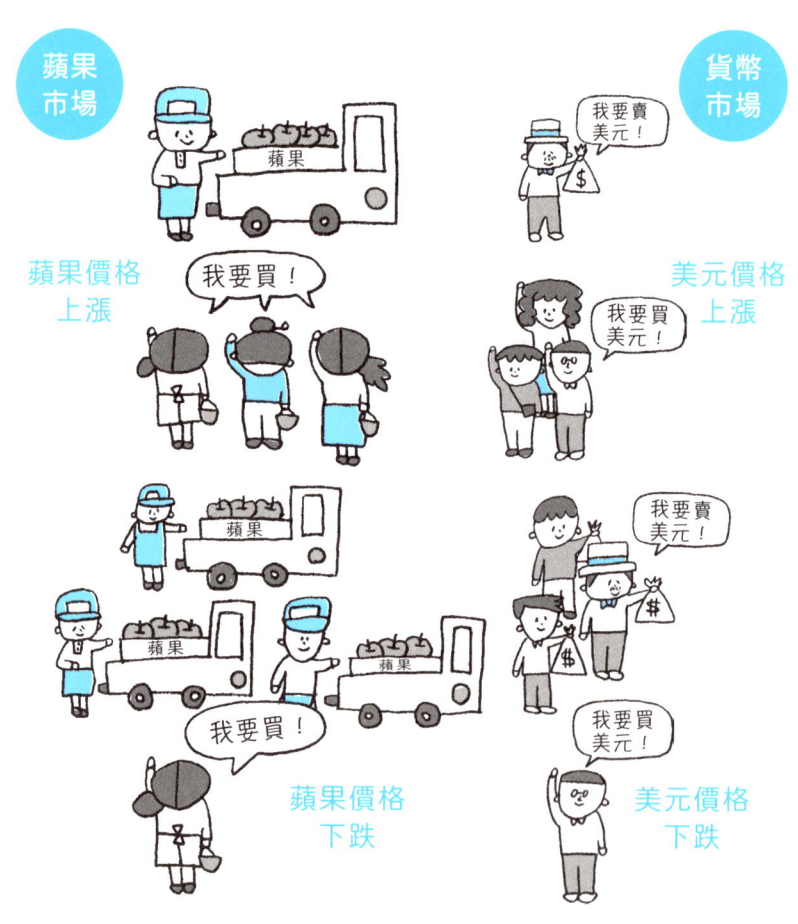

貨幣也是同樣的道理。舉例來說，日本的汽車製造商將大量汽車出口到美國，收到的貨款是美國貨幣（美元）。如果企業想用這筆貨款來支付日本員工的薪資，就必須把美元兌換成日本貨幣（日圓）。這時，企業就會在外匯市場進行「賣出美元，買進日圓」的交易。

〔日本對美國的汽車出口增加〕

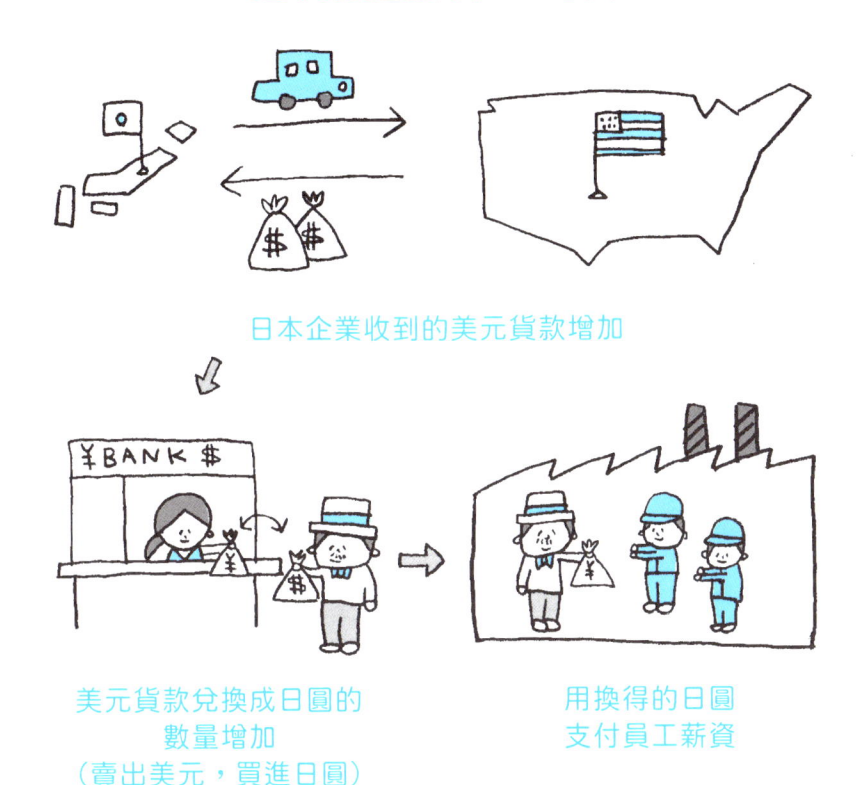

日本企業收到的美元貨款增加

美元貨款兌換成日圓的
數量增加
（賣出美元，買進日圓）

用換得的日圓
支付員工薪資

　　如果不只汽車商，整個外匯市場上許多人都想賣出美元，買進日圓，就會造成美元價值下降（美元貶值），日圓價值提升（日圓升值）。

固定匯率制度（Fixed Exchange Rate System）

固定匯率制度指貨幣兌換的比率固定，不像浮動匯率制度那樣隨市場而變化。

第二次世界大戰結束後，多國在美國布列敦森林召開會議，建立了「布列敦森林體系」（Bretton Woods System）。當時美元價值穩定，參與國承諾固定與美元保持特定匯率，日本當時設定的固定匯率為「1美元＝360日圓」。不過，後來美元不斷貶值，1971年發生尼克森衝擊*（Nixon shock）後，日本將匯率調整為「1美元＝308日圓」。後來，美元的信用依然無法恢復，所以自1973年起，日本改採浮動匯率制度。

【假設你用 10 美元買零食】

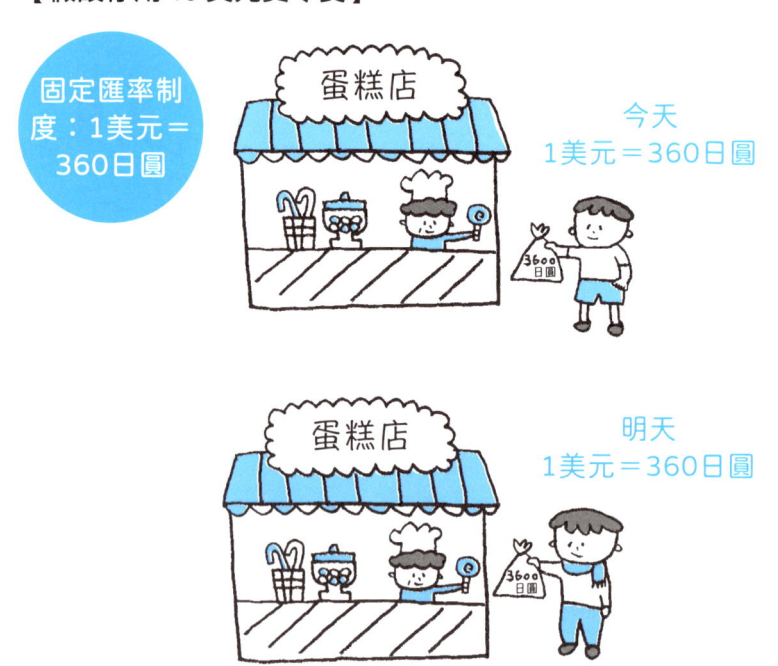

固定匯率制度：1美元＝360日圓

蛋糕店

今天
1美元＝360日圓

蛋糕店

明天
1美元＝360日圓

浮動匯率制度

今天
1美元＝100日圓

蛋糕店

明天
1美元＝120日圓

蛋糕店

＊尼克森衝擊：1971年時，美國總統尼克森宣布停止美元與黃金的兌換，這是政策的一大轉變。

可變因素（Variable Factors）

匯率會因為哪些因素而變動呢？以下介紹幾種看法：

① 購買力平價學說（Purchasing Power Parity，PPP）

主張匯率應該是兩種不同貨幣的購買力比率（購買力指物品與勞務的價格）。

例如，某種漢堡在美國、日本都有銷售；在美國的價格是1美元，在日本的價格是120日圓，所以匯率應該是1美元＝120日圓。

② 國際收支理論（Balance of Payments Theory）

　　主張匯率由國際收支（Balance of Payments，詳見154頁）決定。例如，日本的國際收支中，貿易收支（Trade Balance，詳見156頁）出現順差，日本為了將收到的外幣（如美元）兌換成日圓，就會賣出美元，買進日圓。如此一來，匯率就會趨向日圓升值，美元貶值。

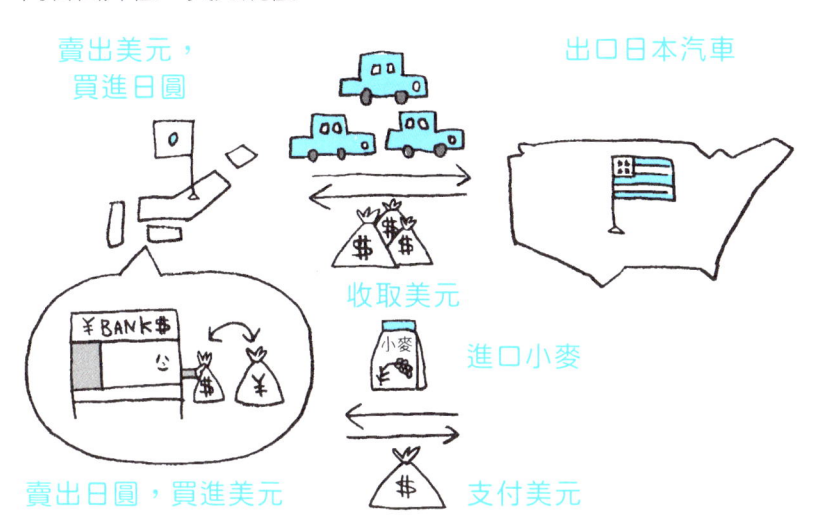

賣出美元，買進日圓　　　　　　出口日本汽車

收取美元

進口小麥

賣出日圓，買進美元　　支付美元

以日本為例

　　　假設　出口總額　＞　進口總額
⇒貿易順差（詳見157頁）
⇒收到大量美元
　　賣出美元，買進日圓　＞　賣出日圓，買進美元
⇒日圓的需求增加，導致日圓升值，美元貶值
　　相反地，如果是貿易逆差，日本為了支付外幣（美元）給外國（美國），就會賣出日圓，買進外幣（美元），匯率就會趨向「日圓貶值，美元升值」。

③ 該國的利率

利率也會影響匯率，因為高利率的國家會吸引資金流入。

舉例來說，如果美國的利率高於日本，人們就會減少持有日本（日圓）資產，增加美國（美元）資產；於是，市場上會出現賣出日圓，買進美元的趨勢，導致日圓貶值，美元升值。

低利率　　　　　　　　　　　高利率

④ 政府、中央銀行干預匯率

為了穩定本國貨幣的匯率，政府或中央銀行有時會直接進入外匯市場買賣貨幣。在日本，通常是由日本銀行依照財務大臣的指示出手。

比如說，日圓對美元突然快速升值，造成出口企業的困境，政府就會賣出日圓，買進美元。

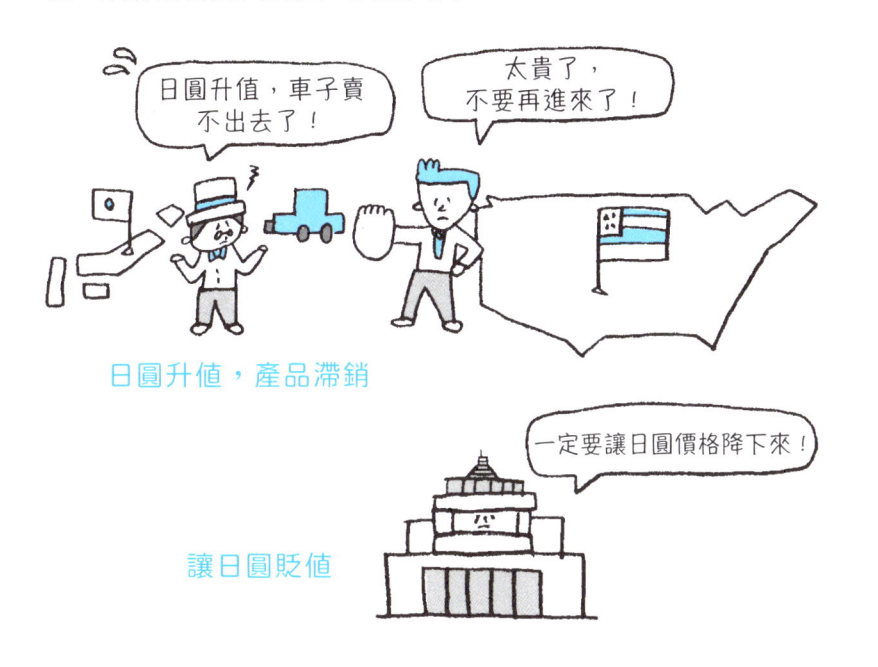

日圓升值，產品滯銷

讓日圓貶值

⑤ 緊急狀況（如戰爭或恐怖攻擊）

發生戰爭或恐怖攻擊時，人們通常不願持有該地區或國家的貨幣，轉而選擇較安全或強勢國家的貨幣，會比較安心。這個時候，人們通常會購買美元。也就是說，美元升值的可能性很高。

升值（Appreciation）

跟其他國家的貨幣（如美元、歐元等）相比，本國貨幣的價值較高。以下以日圓與美元的比較為例。

例如，太郎要去美國旅行，需要100美元，所以他把日圓兌換成美元。

匯率：1美元＝120日圓

第二天，他又去銀行，想再換100美元。

匯率：1美元＝100日圓

也就是說，跟前一天相比，兌換美元所需的日圓變少了。這表示日圓價值上升，也就是日圓升值（美元貶值）。

本國貨幣升值有什麼好處和壞處呢？

> **好處**
> 進口貨變便宜

1個1美元的橘子,買100個需要多少錢(日圓)?

請給我100個!

1個1美元

如果1美元＝120日圓,
需要付1萬2千日圓

→ 日圓升值 →

如果1美元＝100日圓,
需要付1萬日圓

> **壞處**
> 出口所賺的錢兌換回本國貨幣後,實際收益縮水

如果一輛車賣1萬美元,實際會收到多少日圓?

一輛車1萬美元!

1萬美元

如果1美元＝120日圓,
收入為120萬日圓

→ 日圓升值 →

如果1美元＝100日圓,
收入為100萬日圓

貶值（Depreciation）

與升值相反，貶值表示跟其他國家（如美元、歐元）的貨幣相比，本國貨幣的價值較低。

例如，太郎要去美國旅行，拿1萬日圓到銀行兌換美元。

匯率：1美元＝100日圓

第二天，他又拿1萬日圓到銀行兌換美元。

匯率：1美元＝120日圓

太郎兩天都是拿1萬日圓去兌換美元，但到了第二天，匯率從「1美元＝100日圓」變成「1美元＝120日圓」，所以他只換到83美元，比前一天少。這表示日圓價值下降，也就是日圓貶值（美元升值）。

本國貨幣貶值有什麼好處和壞處呢？

> **好處**
> 出口所賺的錢兌換回本國貨幣後，實際收益增加

如果一輛車賣1萬美元，實際會收到多少日圓？

一輛車1萬美元

1萬美元

如果1美元＝100日圓，
收入為100萬日圓

→ 日圓貶值 →

如果1美元＝120日圓，
收入為120萬日圓

> **壞處**
> 進口貨變貴

1個1美元的橘子，買100個需要多少錢（日圓）？

請給我100個！

1個1美元

如果1美元＝100日圓，
需要付1萬日圓

→ 日圓貶值 →

如果1美元＝120日圓，
需要付1萬2千日圓

第4章 國際經濟學

貿易

貿易（Trade）

國與國之間物品與勞務的買賣（進出口）。
以下舉例說明：

A國

B國

農業發達，但不產石油

能開採到豐富的石油，但因雨量稀少，農業發展受限

B國從A國進口小麥，
並向A國出口石油。

進口貨物（Imported Goods）

從其他國家買進的物品與勞務。

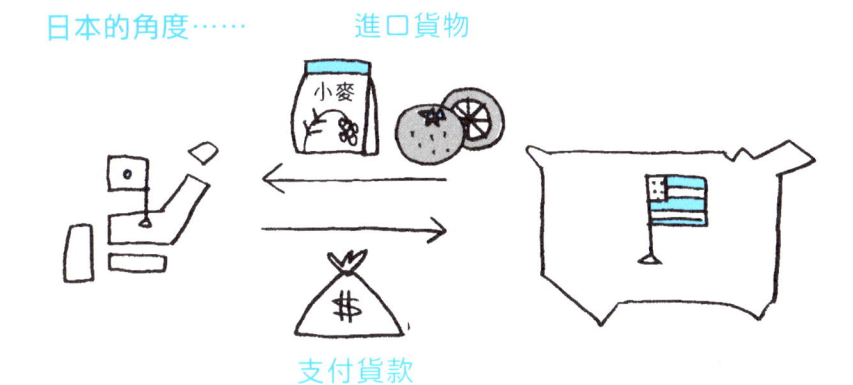

日本的角度……　　進口貨物

支付貨款

出口貨物（Exported Goods）

賣到其他國家的物品與勞務。

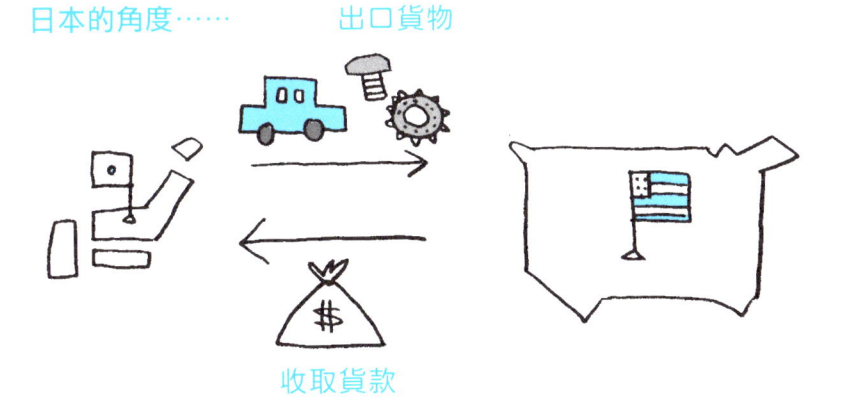

日本的角度……　　出口貨物

收取貨款

國際收支（Balance of Payments）

簡單來說，就是本國與外國經濟交易的綜合彙整。

它包含了「經常帳」（Current Account）、「金融帳」（Financial Account）和「資本帳」（Capital Account）（詳見161頁）。

● 國際收支

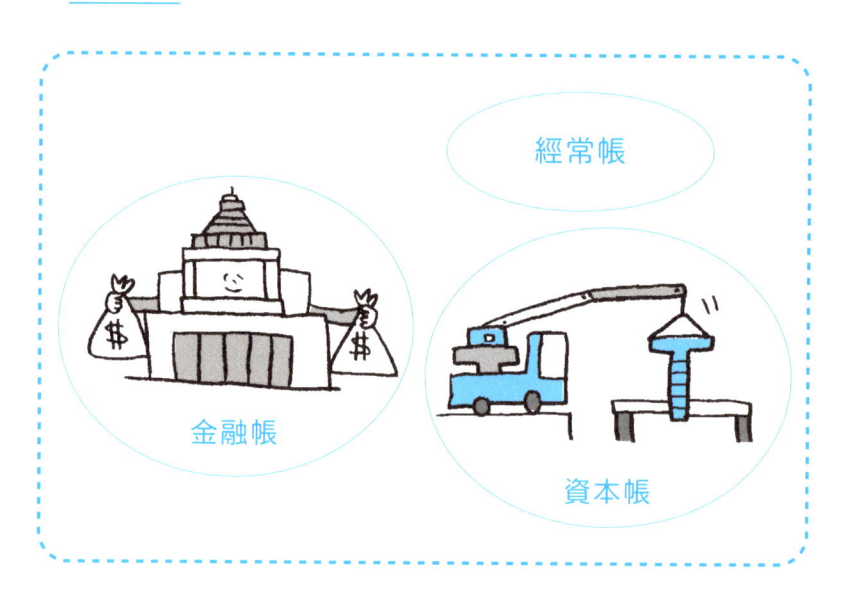

經常帳

金融帳

資本帳

經常帳（Current Account）

經常帳包括「貿易收支」（詳見下頁）、「勞務收支」（Service Balance）、「初次所得收支」（Primary Income Balance）及「二次所得收支」（Secondary Income Balance）。

經常帳

- 貿易收支
- 初次所得收支
- 勞務收支
- 二次所得收支

貿易收支（Trade Balance）

　　一個國家在某段時間內，物品（不包括勞務）的進口總額和出口總額的差額。

　　進口總額超過出口總額時，稱為「貿易逆差」（Trade Deficit）。

進口額 ＞ 出口額　　貿易逆差

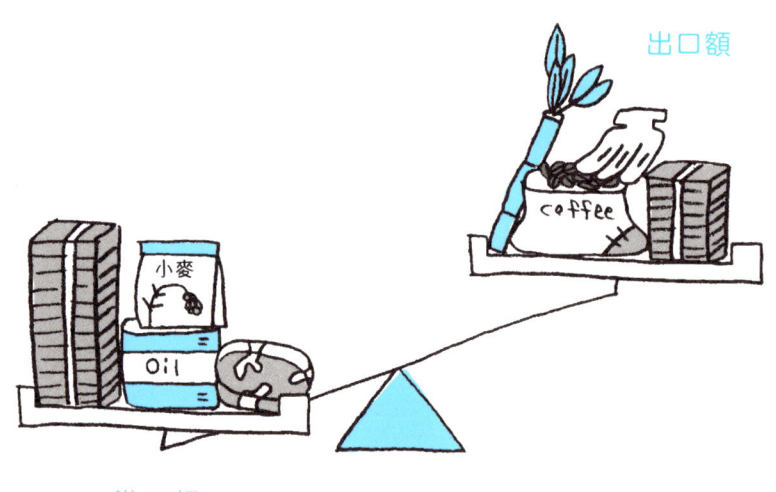

出口額

進口額

相反的，出口額超過進口額時，稱為「貿易順差」（Trade Surplus）。

進口額 ＜ 出口額　　貿易順差

出口額

進口額

勞務收支（Service Balance）

與勞務交易相關的收入和支出。例如，我們經常在新聞看到有很多外國人來日本旅遊，他們在住宿、飲食方面的花費會被列在勞務收支中。

出口勞務

進口勞務

旅行、金融勞務、
著作權使用費等

初次所得收支（Primary income Balance）

持有國外的金融債權，可以獲得利息或股息；而持有國外的金融債務，則必須支付利息或股息；這些收入和支出之間的差額叫做初次所得收支。

例如日本公司持有美國公司的股票，並收取美國公司支付的股息，這筆收入會列入初次所得收支的盈餘。

日本公司從美國公司收取的利息或股息

— （減去）

日本公司支付給美國公司的利息或股息

＝初次所得收支

二次所得收支（Secondary Income Balance）

與外國往來時，在沒有對價（不收取報酬）的情況下提供資產，因而產生的收入和支出。

像是對經濟困難的國家提供資金或糧食援助、捐款給國外的貧民或災民等，這些都會列入二次所得收支。

金融帳（Financial Account）

包括直接投資（例如在國外建廠）與證券投資（例如購買外國的股票、債券）所產生的收支。這類國外資產增加時，金融帳就會出現盈餘（正數）。

如果持有的外國股票與債券增加，從中獲得的股息與利息收入也會增加，初次所得收支也會出現盈餘。

金融帳也包含外匯存底的變動。外匯存底這個名詞大家應該常在新聞上看到吧！意思就是政府或中央銀行持有的黃金與外幣。

以日本來說，就是財務省與日本銀行持有的黃金與外幣。假設外匯市場上日圓急速升值，日本銀行為了制止這種趨勢，就會進場干預，賣出日圓，買進美元。這樣一來，日本銀行持有的美元（外幣）就會增加。

資本帳（Capital Account）

在不收取對價的情況下提供固定資本、免除債務等所產生的收支。

資本帳跟二次所得收支一樣，都是無償援助。不過，如果提供的是固定資本，像是建造水壩、道路或鐵路等，就會歸類在資本帳。

關稅（Tariff）

對進口貨品所課的稅金。

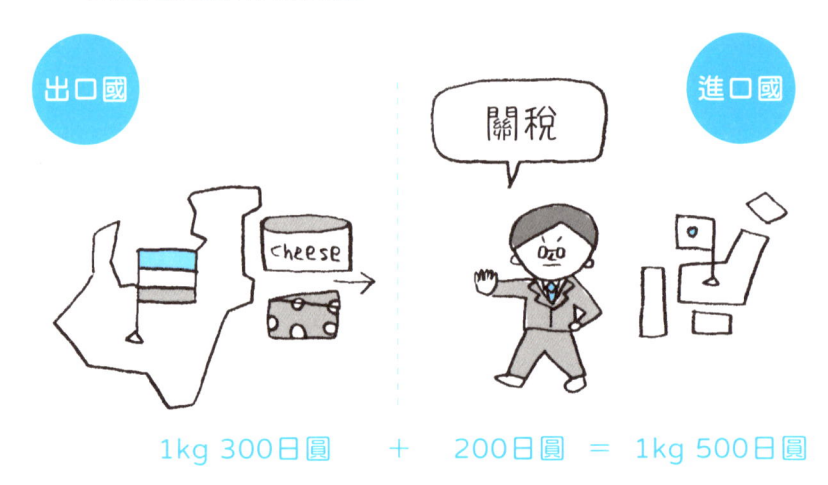

出口國　　　　　　　　　　進口國

1kg 300日圓　＋　200日圓　＝　1kg 500日圓

關稅原本的性質只是貨品過境時的手續費，但後來漸漸多了一層含意，就是保護本國的產業。為防止低價進口貨物衝擊本國產業，政府會對某些進口貨物課徵關稅，這種關稅就叫做「保護性關稅」（Protective Tariff）。

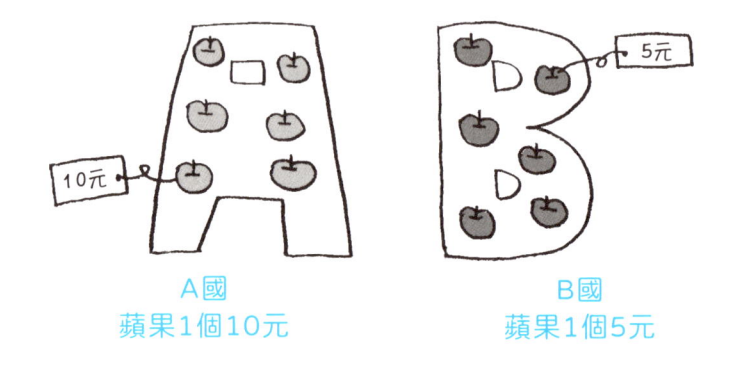

A國
蘋果1個10元

B國
蘋果1個5元

A國的公司從B國進口蘋果販賣

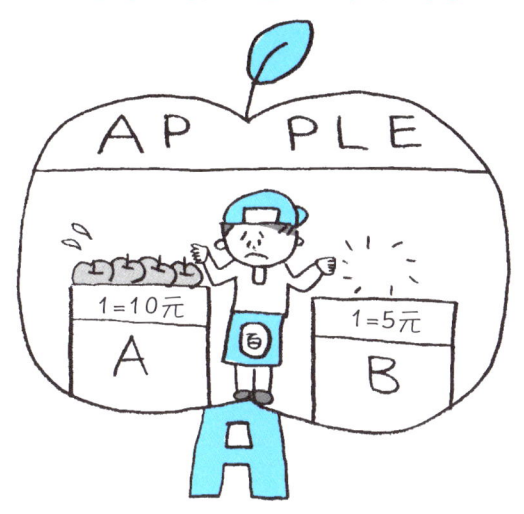

這樣的話，A國農民就沒辦法繼續生產蘋果，
所以A國政府對B國蘋果每顆徵6元關稅

→ 加徵關稅後，B國進口的蘋果售價就高於A國，
　A國蘋果就跟以前一樣賣得出去。

⇒ **A國農民可以繼續生產蘋果。**

保護貿易（Protective Trade）

　　指國家介入國際貿易。企業進行跨國貿易時，國家設定限制，使他們無法自由交易。

　　例如對進口貨物課徵高額關稅（詳見前頁），或限制進口數量，以保護本國產業。

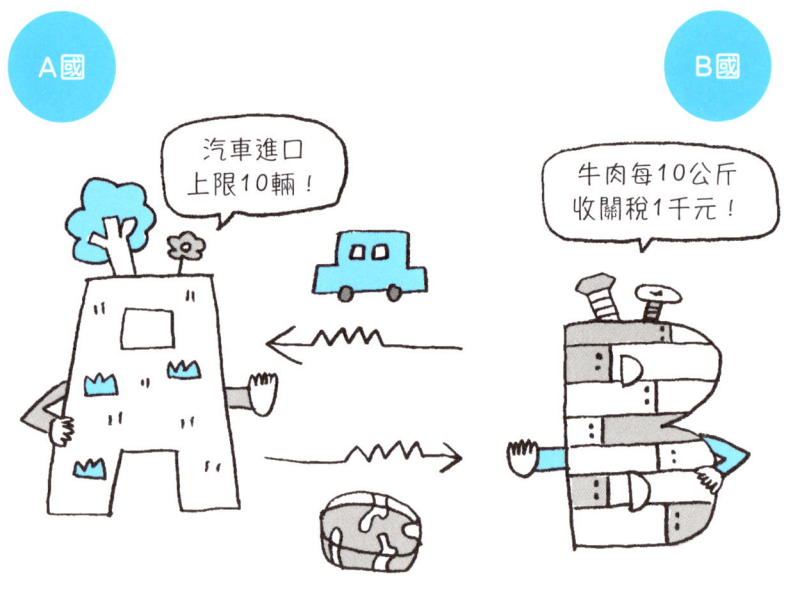

A國：汽車進口上限10輛！

B國：牛肉每10公斤收關稅1千元！

限制從B國進口的商品數量

對A國的進口貨物徵收高額關稅

自由貿易（Free Trade）

國家不採取關稅之類的限制措施，讓物品與勞務可以在各國之間自由流通。

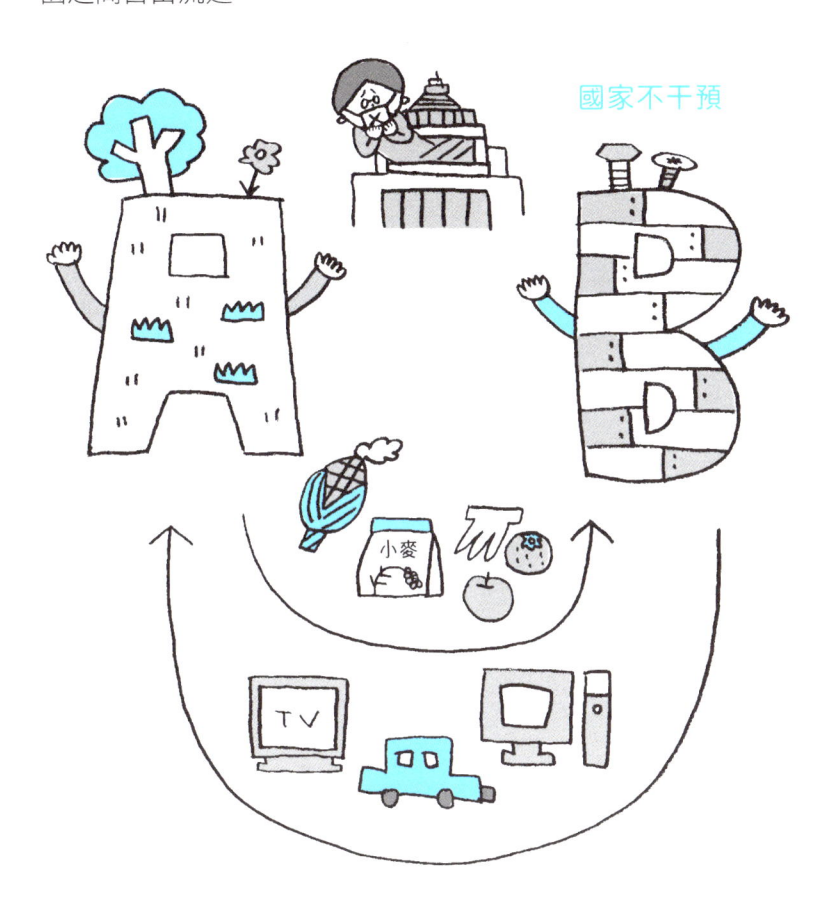

國家不干預

國際分工（International Division of Labors）

以全球為範圍的分工體系。每個國家根據自己的優勢，專門製造並出口某些特定的產品，其他產品則從別的國家進口。

A國擅長製造汽車，
但在本國無法取得原材料

B國　　　　　　　　　　　C國

B國與C國擁有原材料，但缺乏製造汽車的技術

A國從B國、C國進口鋼鐵與橡膠，用來製造汽車

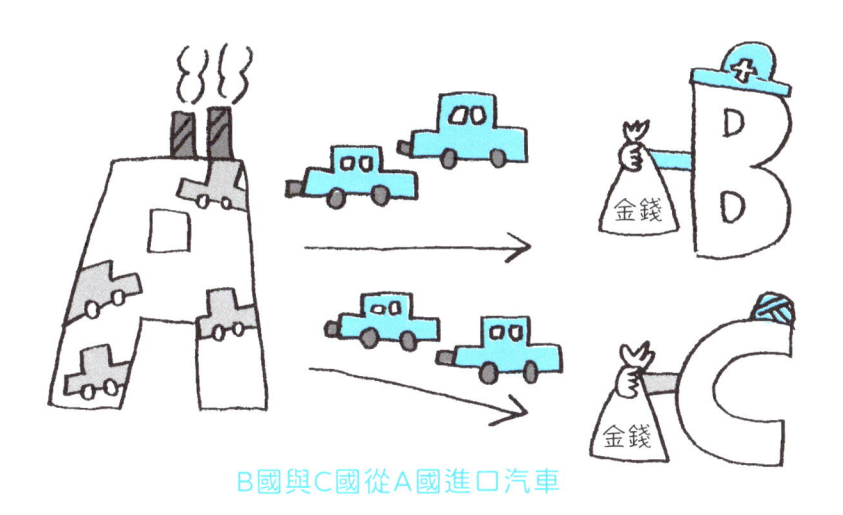

B國與C國從A國進口汽車

　　藉由這樣的分工，每個國家各盡所能，並透過進出口來交換產品，大幅提高了生產效率。

第 5 章

經濟史

● 亞當・斯密（Adam Smith，1723～1790）

英國經濟學家，《國富論》（The Wealth of Nations，1776）就是他的作品。在這本書中，他提出了著名的經濟學概念「看不見的手」（Invisible Hand）。

他是第一個用理論來分析資本主義社會運作方式的學者，因此被尊稱為「現代經濟學之父」。

什麼是「看不見的手」？

自由市場經濟是由供給與需求構成；需求（購買者）較多的時候，價格會上漲，而供給（販賣者）較多的時候，價格會下跌。在個人任意行動、沒有國家干預的情況下，市場、經濟活動的供需會自然達到平衡，就像有隻無形的神之手在背後調整一切，這就是所謂「看不見的手」。

如果有兩家蔬果店,販賣同樣的番茄,但價格不同,
消費者自然會選擇比較便宜的那家,
較貴的那家就不得不降價。

如果有兩間工廠,生產同樣的產品,薪資卻差很多;
給高薪的工廠自然更容易招到員工,
而低薪的工廠徵不到人,就只得提高薪資。

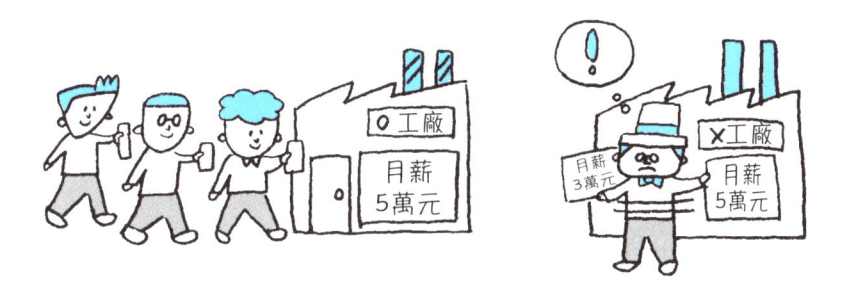

　　因此,亞當・斯密認為,就算沒有政府或國家的干預,經濟活動也會自然地運轉,所以政府最好不要介入,讓市場自由運作。

　　這樣的想法叫做「自由放任」(Laissez-Faire,法文意思是聽其自然),也稱為「自由放任主義」。亞當・斯密在《國富論》中詳細論述了這個有名的觀點。

● 卡爾・馬克思（Karl Marx，1818～1883）

德國經濟學家、哲學家。他和實業家弗里德理希・恩格斯（Friedrich Engels）合作撰寫了《共產黨宣言》（The Communist Manifesto，1848；繁體中文版2014年由麥田出版發行），並在1867年出版了名著《資本論》（Capital: A Critique of Political Economy〔英〕、Das Kapital〔德〕，繁體中文版由聯經出版發行）。《資本論》第一卷是他本人寫的，第二、第三卷則由恩格斯完成。被尊稱為「社會主義之父」。

馬克思提倡的社會主義是什麼？

馬克思所處的19世紀歐洲，勞動環境極為惡劣，工人工時超長但薪資微薄，痛苦不堪。

看到這些現象，馬克思提出了他的看法。

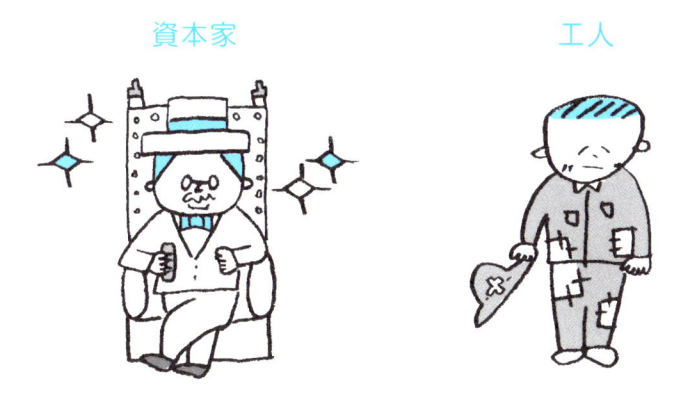

資本家　　　　　　　工人

資本主義社會中，資本家*不斷積累財富，工人則愈來愈窮，使階級差距愈來愈大。

*資本家（Capitalist）：擁有生產工具，並僱用工人來經營事業的人。

這種情況是怎麼造成的呢？
馬克思認為原因在於──

商品價值由勞動決定＝有了勞動，才能生產物品與勞務，進而形成財富。

⇒ 這個理論叫做「勞動價值論」（Labor Theory of Value）。

資本家為了追求更高的利潤，讓工人長時間工作。

不過，工時的延長是有限度的。
於是資本家引進機械來提升生產力，
從而減少工人分得的報酬，為自己增加更多利潤。

⇒馬克思認為，在資本主義社會中，資本家會愈來愈壯大，工人則會愈來愈貧窮，這樣下去，階級不平等的問題會更嚴重。

於是他提出了自己的主張……

> 為了消除這種貧富懸殊的現象，工人應該起來革命，從資本家手中沒收生產工具，歸全體工人所有！

這就是社會主義的思想。

後來，列寧（Vladimir lenin）依循這樣的理念，建立了蘇維埃社會主義共和國聯邦（Russian SFSR），而後中國、北韓與古巴也實行社會主義經濟政策。但由於計畫經濟缺乏競爭機制，最終無法有效運作。

經濟大恐慌（Great Depression）

　　指席捲全球的大規模經濟不景氣。不過，人們提到「經濟大恐慌」時，通常說的是1929～1933年間，以美國股價暴跌為導火線，進而蔓延全世界的大蕭條。

經濟大恐慌的背景

1914年第一次世界大戰爆發後，美國向歐洲主戰場大量出口武器與軍需品，獲得了可觀收益。戰後，歐洲滿目瘡痍，美國取而代之，成為世界經濟的中心。

得益於此，美國國內工業蓬勃發展，尤其汽車產業欣欣向榮。隨著道路網的擴充，住宅區也逐漸向郊外擴展，經濟突飛猛進。

美國成為世界經濟中心後,不僅國內投資踴躍,也吸引了許多國外的投資者。

不過,當歐洲開始復甦,產業恢復活力,美國接到的訂單就減少了。再加上當時美國為了保護本國產業,對國外的進口產品課徵高關稅,而其他國家也用高關稅回擊。

⇒ **美國的出口減少,產業受創!**

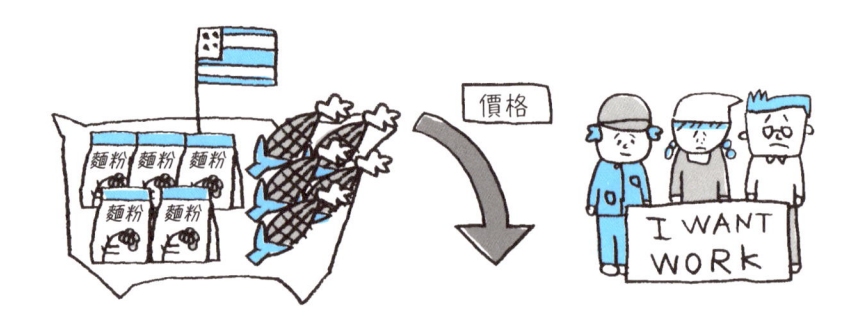

貿易下滑導致庫存過剩，各種商品價格下跌，
就業機會減少，失業人數增加。

投資人擔心股價下跌會造成損失，大舉拋售股票。

結果在1929年10月24日（星期四）＊那一天，美國股價大幅下跌，接著許多企業破產，失業者暴增。

＊因為當天是星期四，所以又稱為「黑色星期四」（Black Thursday）。

美國股市的大崩盤波及全球，引發全世界的經濟大蕭條。

1933年，富蘭克林・羅斯福（Franklin Delano Roosevelt）就任美國總統，實施「新政」（The New Deal）。政府積極介入經濟，藉由推動大規模公共工程計畫來創造就業機會，提高國內的購買力。

● 約翰‧梅納德‧凱因斯
（John Maynard Keynes，1883～1946）

英國經濟學家。他親身經歷了1929年開始的經濟大恐慌，之後在1936年出版了代表作《就業、利息和貨幣的一般理論》（The General Theory of Employment, Interest and Money，繁體中文版由時報出版發行），探討不景氣與失業的原因，並提出解決方法。他的理論為現代經濟學掀起劃時代的革命，被稱為「凱因斯革命」。以這本書的理論為基礎，他主張政府應積極介入經濟，並反對自由放任主義。

凱因斯的理論

1929年開始的經濟大恐慌造成大量失業，許多人想工作，但沒有就業機會。

凱因斯認為，要解決經濟不穩定的情況，應該由政府主動刺激有效需求（Effective Demand），創造就業機會。

有效需求指人們不僅有購買物品與勞務的意願，還要有購買能力與實際消費支出。

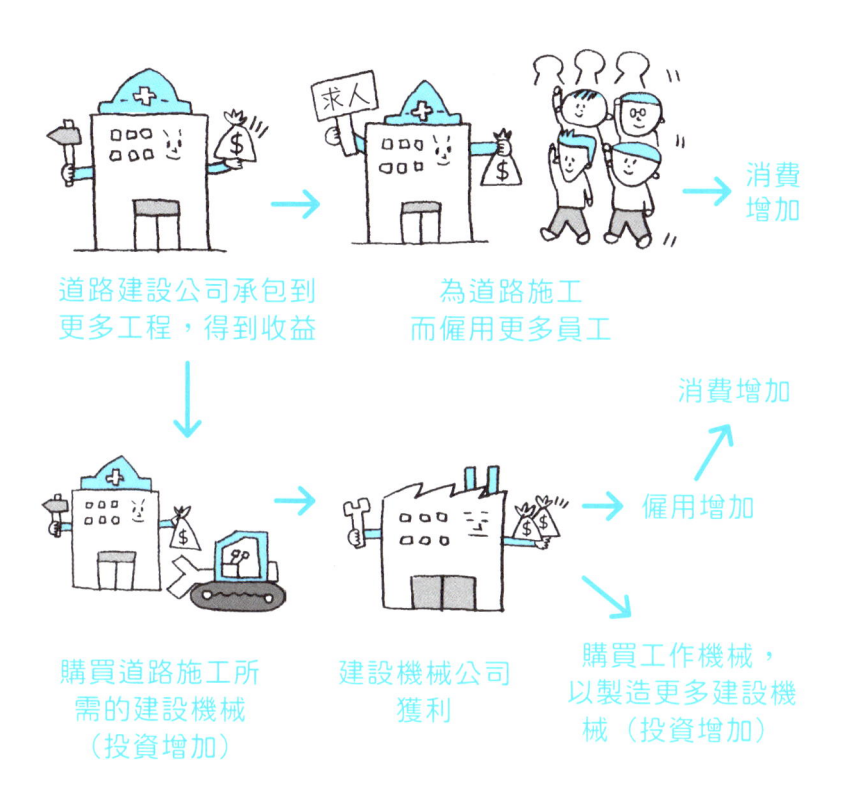

道路建設公司承包到更多工程，得到收益 → 為道路施工而僱用更多員工 → 消費增加

購買道路施工所需的建設機械（投資增加） → 建設機械公司獲利 → 僱用增加 → 消費增加

購買工作機械，以製造更多建設機械（投資增加）

建設公司的業務增長後，用賺到的錢再購買更多機械；機械公司賺錢後，提高員工薪資……。

就這樣一步步推進，形成良性循環，讓經濟活絡起來。

石油危機（Oil Shock）

　　石油危機指因為石油減產、油價飆升，引發全球經濟動盪的事件，在1973年和1978年各發生過一次。石油不僅是發電燃料，也是塑膠、纖維等日用品的原料，所以油價上漲對經濟造成非常嚴重的衝擊。

① 第一次石油危機發生於1973年，第四次中東戰爭後。當時阿拉伯產油國（生產石油的國家）減產，並大幅提高油價，重創全球經濟，尤其是石油消費量大的已開發國家。

日本當時甚至謠傳因石油漲價，無法生產衛生紙。結果民眾陷入恐慌，瘋狂囤貨，造成一場風波。

② 第二次石油危機發生於1978年伊朗革命*期間，由於石油供應量減少，價格大幅上漲，全球經濟再度陷入不景氣。

　　日本從上次的危機中學到教訓，提早推動節能政策、精簡企業，所以這次並未出現像上次那麼嚴重的混亂。

石油供應量減少！

*伊朗革命（1978～1979）：伊朗發生革命，推翻了巴勒維王朝（Pahlavi Dynasty），建立由伊斯蘭宗教領袖主導的共和國政權。

經濟泡沫（Economic Bubble）與崩壞

　　經濟泡沫一般是指1980年代後半日本的好景氣。當時，土地、股票等資產的價格迅速攀升，遠超過經濟成長率（經濟成長率是土地、股票的估價基準之一）。簡單來說，就是土地與股票價格一路飆漲，但實際的經濟成長狀況並沒有那麼好。

　　後來泡沫經濟崩壞，日本經濟出現大倒退。我們來回顧一下來龍去脈：

① 1980年代前半期，日本經濟蓬勃發展，製造出許多品質優良、價格便宜的汽車、工業產品等，出口到美國。

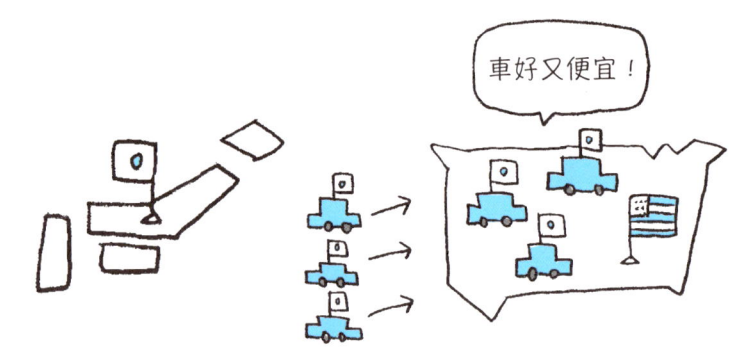

② 日本貨造成美國本國的產品滯銷。

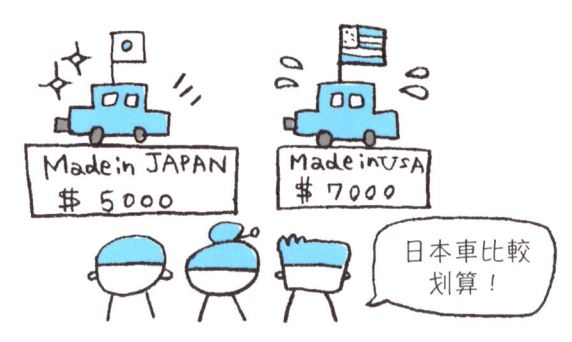

③ 1985年,美國、法國、西德、英國、日本五國會商,簽署「廣場協議」(Plaza Accord);各國同意聯手干預外匯市場,促使日圓升值,美元貶值。這樣一來,日本產品出口到美國,收到的美元貨款換算回日圓後,實際收入就縮水了。

廣場協議

而且,即使日本產品在國內的價格不變,但因為日圓升值的關係,外國人買日本產品的時候,換算成他們國家的貨幣,就會覺得變貴了。所以,日本產品在國外很難賣出去,對日本做出口生意的企業造成嚴重打擊。

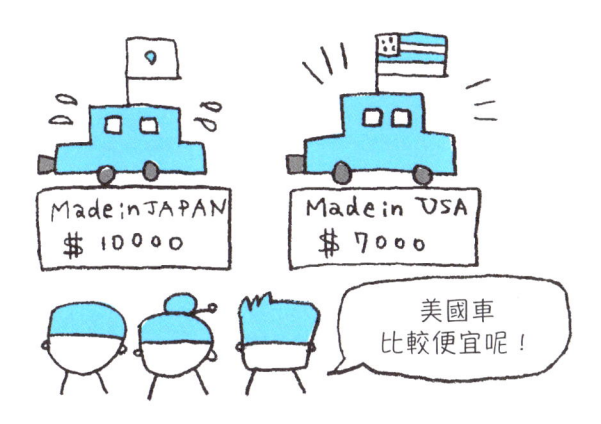

④ 為了突破經濟困境，日本銀行實施**貨幣寬鬆**政策，調降利率，企業與一般民眾的貸款門檻變低。

> 我們降低利率吧！

⑤ 因為利率降低，企業紛紛向銀行貸款投資設備，一般民眾不只買房，還貸款購買土地，再把土地拿去抵押貸款，購買更多土地。此外，資金也流入股市，股價一路上漲，但實際的經濟成長並沒有跟上腳步。

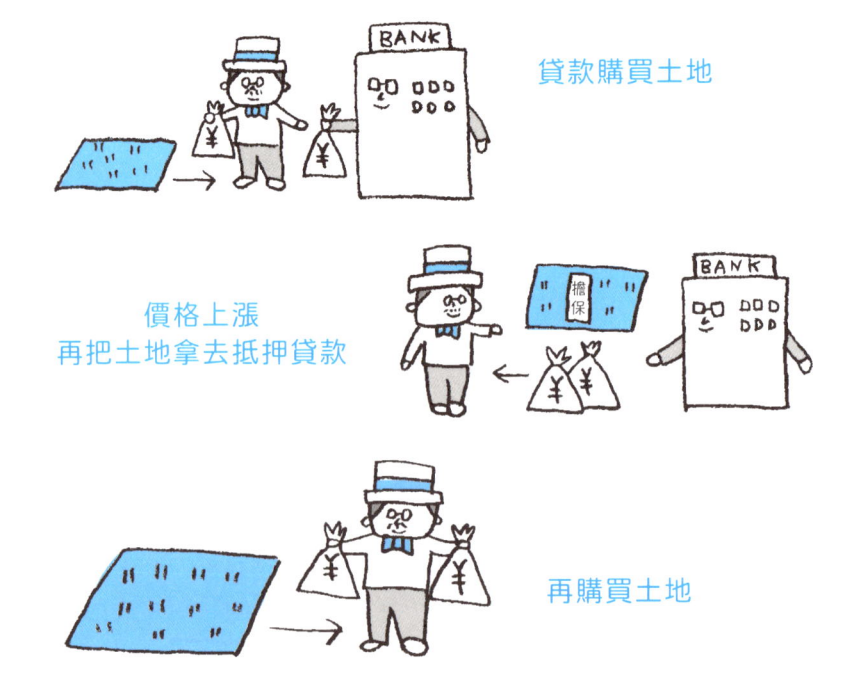

貸款購買土地

價格上漲
再把土地拿去抵押貸款

再購買土地

⑥ 土地與股票價格暴漲，政府為抑制景氣過熱，實施**金融緊縮**政策。除了調高利率外，也限制不動產貸款，使地價和股價下跌。

> 我們提高利率吧！

⑦ 地價和股價大幅下跌，許多民眾與企業損失慘重。

另外，原本用土地抵押借款的人，也因為抵押品的價值降低，無力償還貸款；金融機構則因為貸款收不回，面臨不良債權的問題。

> 1億日圓的土地變成5千萬日圓！

> 抵押品價值降低了，把貸款還來！

雷曼事件（Lehman Shock）

2008年9月，美國大型投資銀行雷曼兄弟（Lehman Brothers Holding Inc.）宣布破產，導致全世界股價一瀉千里，進而引爆金融危機與全世界同時不景氣。

雷曼兄弟公司破產的原因是「次級房貸」（Subprime Lending），也就是提供給低所得者的住宅貸款。為何住宅貸款會造成這麼嚴重的後果呢？

① 一般金融機構並沒有針對低所得者的貸款，所以對低所得者而言，次級房貸相當吸引人，這份貸款可以讓他們也擁有自己的房子。

② 次級房貸大受歡迎,在美國掀起一陣購屋熱潮,推動房價上漲。許多人預期房價將持續走高,紛紛投入房屋建設。

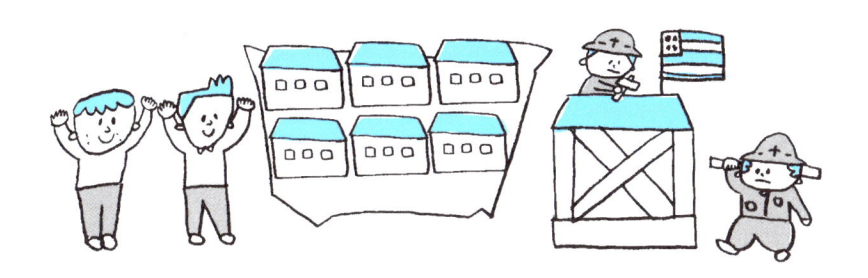

次級房貸的利率雖然在最初幾年比較低,但會隨著時間調升,還款金額也會增加。不過,房價上漲時,房屋的抵押價值也會提高,借款人可以趁利率上升前,轉換為利率較低、條件更優惠的貸款。

但當時房屋建設過多,以致房價停止上漲,沒多久甚至開始下跌。這樣一來,借款人就無法順利轉換貸款,房貸也就還不出來了。

③ 一旦借款人無法償還房貸時，提供房貸的金融機構就會查封房屋。

④ 但因為房價下跌，金融機構就算把查封的房子拍賣，也無法完全收回原本貸出的金額。

不只如此,因為次級房貸證券化,許多外國投資者也持有這些證券,所以全世界的金融機構都受到美國房市泡沫崩解的牽連。

最後,雷曼兄弟破產了。雷曼兄弟是當時美國第4大投資銀行,這麼大的投資銀行破產使得金融不安加劇,造成紐約股市崩盤,全球股市也跟著慘跌。

新冠病毒衝擊（Corona Shock）

　　指新型冠狀病毒（COVID-19）疫情擴大所引發的經濟危機。2019年，新冠病毒的第一個病例在中國確診，2020年疫情蔓延至全世界，造成全球經濟陷入戰後以來最嚴重的衰退。

① 因為新冠病毒會人傳人，各國紛紛採取「減少人際接觸」的防疫策略，人們和他人見面、對話或外出都受到限制。

② 因為人們無法自由行動，工廠的工作和運輸也受影響。造成生產與物流延遲、產品缺貨，牽動供給面（詳見48頁）。

由於外出受限，食品和日用品的「生產」進度停滯；
生產出來的商品也很難順利運送到商店，
造成「流通」的困難。

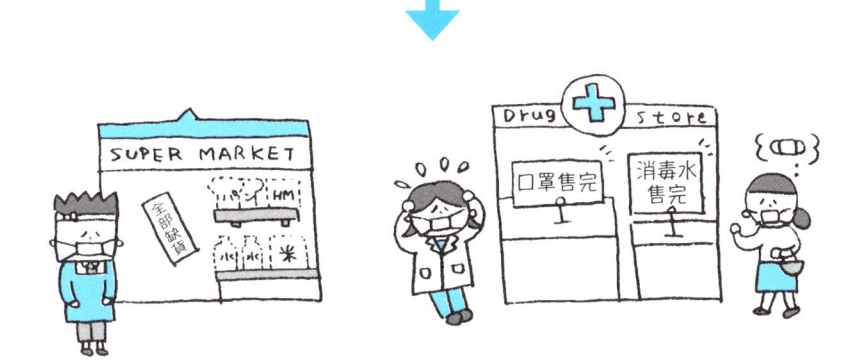

超市、藥房的部分食品、口罩、消毒水都被搶購一空。
由於生產和物流的問題，店內商品無法到貨，
消費者也買不到東西。

人的行動受限，對經濟造成重大影響。

③ 不光是供給面,需求面(詳見48頁)也大幅萎縮。不能外出的話,也就無法旅遊或上餐廳吃飯,使觀光、住宿、外食等以人為對象的服務需求急劇減少。

④ 「石油危機」是因為產油國的石油供給限制,「雷曼事件」則是因為金融體系動盪造成需求下滑;而新冠疫情同時打擊了供給與需求(詳見50頁)兩個面向,影響層面遠遠超過以往的經濟危機。

● **石油危機:問題在於「供給」**

石油供給受阻,造成全球市場混亂。

● **雷曼事件：問題在於「需求」**

美國還不起住宅貸款（詳見196頁）的人拋售房屋

金融體系動盪造成需求低迷

● **新冠病毒衝擊：「供給」和「需求」都出問題**

供給 — 工廠生產停擺、物流不順，導致商品供給減少

需求 — 不能出門旅遊、外食，導致需求下滑

專欄　金錢百態

●**住宅貸款（Home Loan）**

　　貸款是金融機構的業務之一，其中專門用來幫助人們購買住宅的貸款，就叫做「住宅貸款」。

　　買房是一筆非常龐大的開銷，能夠一口氣用現金付清固然好，但有這種財力的人並不多。

　　大多數人會選擇向銀行貸款，然後分10年、20年，甚至更長的時間，一點一點慢慢還。

辦理住宅貸款時，銀行會以那筆貸款所購買的住宅（包括土地與房屋）作為抵押品。抵押品是指萬一未來借款人還不出貸款，用來代替金錢支付給銀行的物品。

假設你用買下的房子作為抵押品，申請了住宅貸款，但中途繳不出錢來，銀行就會扣押這棟房子並出售，補回那筆貸款金額。

名詞索引

A

亞當・斯密（Adam Smith）‥‥170
附加價值（Added Value）‥‥‥‥82
資源分配（Allocation of Resources）61
山寨幣（Altcoin）‥‥‥‥‥‥‥105
歲出（Annual Expenditures）‥‥126
歲入（Annual Revenue）‥‥‥‥128
反獨占法（Antimonopoly Act）‥‥
‥‥‥‥‥‥‥‥‥‥‥‥‥‥‥55
升值（Appreciation）‥‥‥‥‥148
自動扣繳（Automatic Debit）‥‥98

B

國際收支（Balance of Payments）‧154
國際收支理論（Balance of Payments Theory）‥‥‥‥‥‥‥‥‥‥145
銀行（Bank）‥‥‥‥‥‥‥‥‥96
日本銀行（Bank of Japan）‥‥‥106
紙幣（Banknote）‥‥‥‥‥‥‥10
比特幣（Bitcoin）‥‥‥‥‥‥‥105
黑色星期四（Black Thursday）‥‥179
好景氣（Boom）‥‥‥‥‥‥‥‥87
損益平衡點銷售額（Break Even Point Sales）‥‥‥‥‥‥‥‥‥‥‥72
布列敦森林體系（Bretton Woods System）‥‥‥‥‥‥‥‥‥‥142

預算（Budget）‥‥‥‥‥‥‥‥124
預算赤字（Budget Deficit）‥‥‥123
景氣循環（Business Cycle）‥‥‥89
景氣擴張（Business Expansion）‥89
景氣衰退（Business Recession）‥89

C

資本（Capital）‥‥‥‥‥‥‥‥28
資本論（Capital：A Critique of Political Economy）‥‥‥‥‥‥‥‥‥172
資本家（Capitalist）‥‥‥‥‥‥173
資本帳（Capital Account）‥‥‥161
資本財（Capital Goods）‥‥‥‥22
卡特爾（Cartel）‥‥‥‥‥‥‥59
中央銀行（Central Bank）‥‥‥106
硬幣（Coin）‥‥‥‥‥‥‥‥‥10
支票帳戶（Checking Account）‥100
公司（Company）‥‥‥‥‥‥‥33
綜合存款帳戶（Composite Deposit Account）‥‥‥‥‥‥‥‥‥100
消費財（Consumer Goods）‥‥‥22
消費者物價指數（Consumer Price Index，CPI）‥‥‥‥‥‥‥‥114
消費（Consumption）‥‥‥‥‥93
消費稅（Consumption Tax）‥‥‥131
固定資本消耗（Consumption of Fixed Capital）‥‥‥‥‥‥‥‥‥‥86

新冠病毒衝擊（Corona Shock）···192
公司稅（Corporate Tax）········130
股份有限公司（Corporation）·····40
成本（Cost）·················66
信用創造（Credit Creation）······97
信用卡（Credit card）··········98
加密貨幣（Cryptocurrency）·····104
加密資產（Crypto-asset）·······105
通貨（Currency）·············101
經常帳（Current Account）······155

D

通貨緊縮（Deflation）··········119
通貨緊縮螺旋（Deflationary Spiral）
·························121
需求（Demand）···············48
需求線（Demand Curve）········51
活期存款帳戶（Demand Deposit Account）··················100
折舊（Depreciation）···········69
貶值（Depreciation）··········150
股息（Dividend）··············41
道瓊工業平均指數（Dow Jones Industrial Average，DJIA）·······45
紐約道瓊（Dow Jones Industrial Average，DJIA）··············45
道瓊30指數（Dow Jones Industrial Average，DJIA）··············45
耐久財（Durable Goods）········23

E

經濟主體（Economic Agent）······30
經濟泡沫（Economic Bubble）···184

景氣（Economic Conditions）·····87
經濟循環（Economic Cycle）······30
經濟成長（Economic Growth）····84
經濟學（Economics）···········14
有效需求（Effective Demand）···181
電子貨幣（Electronic Money）···103
恩格爾係數（Engel's coefficient）··94
企業家（Entrepreneur）·········29
企業（Enterprise）·············33
恩斯特・恩格爾（Ernst Engel）···94
以太幣（ETH）···············105
匯率（Exchange Rate）·········139
費用（Expense）··············66
出口貨物（Exported Goods）····153

F

生產要素（Factors of Production）···28
公正價格形成（Fair price formation）
·························44
最終產品（Final Products）······81
金融（Finance）···············95
財政（Finance）··············122
金融帳（Financial Account）····161
決算（Financial Statement）·····74
固定成本（Fixed Cost）·········67
固定匯率制度（Fixed Exchange Rate System）·················142
浮動匯率制度（Floating Exchange Rate System）···············140
自由貿易（Free Trade）········165
自由市場經濟（Free Market Economy）
·························38

弗里德理希‧恩格斯（Friedrich Engels）......172
外幣（Foreign Currency）......101
外匯（Foreign Exchange）......138

G

賽局理論（Game Theory）......75
國內生產毛額（GDP，Gross Domestic Product）......80
國民生產毛額（GNP，Gross National Product）......83
財貨（Goods）......22
物品與勞務（Goods&Service）......22
政府（Government）......30
國債（Government Bond）......107
經濟大恐慌（Great Depression）......176

H

住宅貸款（Home Loan）......196
家庭（Household）......32
家庭收支帳簿（Household Account Book）......74
惡性通貨膨脹（Hyper Inflation）......11

I

不完全競爭（Imperfect Competition）......54
進口貨物（Imported Goods）......153
黑字（In the Black）......74
赤字（In the Red）......74
所得（Income）......86
所得稅（Income Tax）......129
間接稅（Indirect tax）......86
通貨膨脹（Inflation）......116
利息（Interest）......100
中間產品（Intermediate Product）......81
國際分工（International Division of Labors）......166
網路銀行（Internet Bank）......98
看不見的手（Invisible Hand）......170

J

求才求職比（Jobs-to-applicants ratio）......92
約翰‧梅納德‧凱因斯（John Maynard Keynes）......180
尤格拉週期（Juglar Cycles）......90

K

卡爾‧馬克思（Karl Marx）......172
基欽週期（Kitchin Cycles）......90
康德拉捷夫週期（Kondratieff Wave）......90
顧志耐週期（Kuznets Cycle）......90

L

勞動力（Labor force）......29
勞動價值論（Labor Theory of Value）......173
自由放任（Laissez-Faire）......171
土地（Land）......28
雷曼事件（Lehman Shock）......188
上市公司（Listed company）......44

M

總體經濟學（Macroeconomics）‥17
市場（Market）‥34
市場機能（Market Mechanism）‥62
市場失靈（Market Failure）‥64
市場占有率（Market Share）‥60
個體經濟學（Microeconomics）‥16
錯配（Mismatch）‥91
金錢（Money）‥8
貨幣（Money）‥10
貨幣寬鬆（Monetary Easing）‥108
貨幣緊縮（Monetary Tightening）‥110
獨占（Monopoly）‥54
獨占性競爭（Monopolistic Competiton）‥57
地方政府公債（Municipal Bonds）‥132

N

國民所得（National Income）‥86
尼克森衝擊（Nixon shock）‥142
非典型僱用（Non-regular Employment）‥134
非耐久財（Nondurable Goods）‥23

O

石油危機（Oil Shock）‥182
寡占（Oligopoly）‥56

P

巴勒維王朝（Pahlavi Dynasty）‥183
景氣頂峰（Peak）‥90

完全競爭市場（Perfectly Competitive Market）‥52
廣場協議（Plaza Accord）‥185
政策利率（Policy Interest Rate）‥108
價格（Price）‥36
物價（Prices）‥112
物價指數（Price Index）‥113
價格領導者（Price Leader）‥60
初次所得收支（Primary income Balance）‥159
初級市場（Primary Market）‥43
囚犯的兩難（Prisoner's Dilemma）‥76
私有財（Private Goods）‥65
累進稅制（Progressive Tax System）‥129
保護性關稅（Protective Tariff）‥162
保護貿易（Protective Trade）‥164
利潤（Profit）‥73
公債（Public debt）‥132
公共財（Public Goods）‥64
公共投資（Public Investment）‥127
購買力平價學說（Purchasing Power Parity，PPP）‥144

Q

量化寬鬆（Quantitative Easing）‥109

R

經濟成長率（Rate of Economic Growth）‥85
外匯匯率（Rate of Foreign Exchange）‥139

不景氣（Recession）..........88
所得重分配（Redistribution of Income）...............133

S

儲蓄（Savings）.............93
稀少性（Scarcity）...........18
二次所得收支（Secondary Income Balance）................160
次級市場（Secondary Market）...43
勞務（Service）..............24
勞務收支（Service Balance）....158
結算（Settlement）............97
社會安全制度（Social Security System）................133
停滯性通貨膨脹（Stagflation）...121
股票（Stock）................40
證券交易所（Stock Exchange）...44
股票市場（Stock Market）......43
股價（Stock prices）..........44
股東（Stockholder）..........41
補貼（Subsidies）............86
次級房貸（Subprime Lending）..188
供給（Supply）..............48
供給線（Supply Curve）........51

T

關稅（Tariff）..............162
稅金（Tax）................128
共產黨宣言（The Communist Manifesto）...............172
新政（The New Deal）........179

華爾街日報（The Wall Street Journal）................45
國富論（The Wealth of Nations）.170
東證（Tokyo Stock Exchange，TSE）44
總成本（Total Cost）..........66
總收益（Total Revenue）.......71
貿易（Trade）...............152
貿易收支（Trade Balance）....156
貿易逆差（Trade Deficit）....156
貿易順差（Trade Surplus）....157
轉帳（Transfer）.............98
景氣谷底（Trough）..........90

U

失業率（Unemployment Rate）...91
效用（Utility）..............20

V

價值（Value）...............36
變動成本（Variable Cost）.....70
可變因素（Variable Factors）..144
列寧（Vladimir lenin）........175

W

華爾街（Wall Street）.........45
財富（Wealth）..............26
窮忙族（Working Poor）......134

X

瑞波幣（XRP-Ripple）........105

格差社會..................135

13 歲就能懂的經濟學超圖解
零基礎也 OK！129 個經濟關鍵詞一看就懂
13 歳からの経済のしくみ・ことば図鑑　新版

作　　　者	花岡幸子	
繪　　　者	matsu	
譯　　　者	林雯	
特 約 編 輯	吳欣恬	
封 面 設 計	許紘維	
內 頁 排 版	陳姿秀	
行 銷 企 劃	蕭浩仰	
行 銷 統 籌	駱漢琦	
業 務 發 行	邱紹溢	
營 運 顧 問	郭其彬	
責 任 編 輯	賴靜儀	
總 　編　 輯	李亞南	
出　　　版	漫遊者文化事業股份有限公司	
地　　　址	台北市103大同區重慶北路二段88號2樓之6	
電　　　話	(02) 2715-2022	
傳　　　真	(02) 2715-2021	
服 務 信 箱	service@azothbooks.com	
網 路 書 店	www.azothbooks.com	
臉　　　書	www.facebook.com/azothbooks.read	
發　　　行	大雁出版基地	
地　　　址	新北市231新店區北新路三段207-3號5樓	
電　　　話	(02) 8913-1005	
傳　　　真	(02) 8913-1056	
劃 撥 帳 號	50022001	
戶　　　名	漫遊者文化事業股份有限公司	
初　　　版	2025年8月	
初版二刷(1)	2025年9月	
定　　　價	台幣450元	

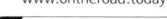

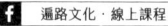

ISBN　978-626-409-130-5
有著作權‧侵害必究
本書如有缺頁、破損、裝訂錯誤，請寄回本公司更換。

13SAI KARANO KEIZAINO SHIKUMI KOTOBA ZUKAN SHIMBAN
written by Sachiko Hanaoka, illustrated by matsu
Text copyright © 2024 Sachiko Hanaoka
Illustrations copyright © 2024 matsu
All rights reserved.
Original Japanese edition published by WAVE Publishers Co., Ltd.

This Complex Chinese edition is published by arrangement with WAVE Publishers Co., Ltd., Tokyo in care of Tuttle-Mori Agency, Inc., Tokyo, through Future View Technology Ltd., Taipei.

13歲就能懂的經濟學超圖解:零基礎也OK!129個經濟關鍵詞一看就懂/花岡幸子著;林雯譯. -- 初版. -- 臺北市:漫遊者文化事業股份有限公司出版;新北市:大雁出版基地發行, 2025.08
208 面 ; 14.8×21　公分
譯自:13歳からの経済のしくみ・ことば図鑑 新版
ISBN 978-626-409-130-5(平裝)
1.CST: 經濟學 2.CST: 通俗作品
550　　　　　　　　　　　　114009629